AF452579

GUIDE

DES

OFFICIERS DE SANTÉ

ET

D'ADMINISTRATION MILITAIRES,

EN MATIÈRE DE SOLDE.

Imprimerie de BACQUENOIS, COSSE et APPERT.

GUIDE

DES

OFFICIERS DE SANTÉ

ET

D'ADMINISTRATION MILITAIRES,

EN MATIÈRE DE SOLDE,

PAR A. DORAT,

RÉDACTEUR AU MINISTÈRE DE LA GUERRE
(Bureau des hôpitaux),

Auteur du Guide des familles en matière de recrutement, des Manuels portatifs des officiers de santé et d'administration militaires, approuvés par M. le Ministre de la guerre.

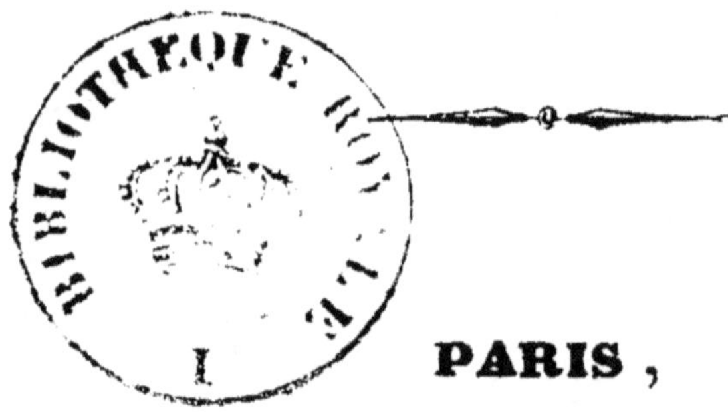

PARIS,

CHEZ L'AUTEUR, RUE DU DRAGON, 15,
Faubourg Saint-Germain.

—

1834.

AVIS.

MM. les officiers de santé et d'administration militaires ne doivent pas perdre de vue qu'ils sont assimilés aux officiers de l'armée, et que par conséquent un grand nombre d'articles du présent ouvrage dans lesquels ils ne sont pas désignés personnellement, leur sont applicables.

Cet ouvrage leur étant spécialement destiné, nous nous sommes appliqué à n'y insérer, dans un ordre aussi complet que possible, que les dispositions réglementaires qui les concernent. S'il s'en rencontre quelques-unes qui leur sont étrangères sous quelques rapports, c'est qu'elles étaient inhérentes à la nature du sujet. Du reste, ces exceptions sont en fort petit nombre, et l'intelligence du lecteur saura facilement les reconnaître.

EXTRAIT

DE L'ORDONNANCE

DU 19 MARS 1823

Portant réglement sur le traitement et les revues de l'armée de terre, et sur l'administration intérieure des corps de troupes.

PREMIÈRE PARTIE.

DES RÈGLES A SUIVRE POUR LES ALLOCATIONS.

TITRE Iᵉʳ.

DISPOSITIONS PRÉLIMINAIRES.

Fixation de la solde et autres prestations tant en deniers qu'en nature.

1. On distingue deux espèces de prestations, celles en deniers et celles en nature.

Les prestations en deniers comprennent

1

la solde , les accessoires de la solde et les masses.

Les prestations en nature se composent des fournitures de subsistance et de chauffage , du logement et du gîte et geôlage. (*Art.* 1er.)

TITRE II.

DES PRESTATIONS EN DENIERS.

CHAPITRE Ier.

De la Solde.

SECTION Ire.

Dispositions générales.

Désignation des différentes espèces de solde.

2. La solde d'activité se divise en solde de présence et en solde d'absence.

La solde de présence diffère dans les circonstances ci-près :

1° En station sur le pied de paix ;

2° En route ;

3° Sur le pied de guerre ;

4° En disponibilité.

La solde d'absence se modifie suivant les positions ci-après :

    1° En congé ou en semestre ;

    2° A l'hôpital ;

    3° A l'hôpital en état de semestre ;

    4° En détention ;

    5° En captivité ;

    6° En congé illimité. (*Art.* 2.)

Principes généraux sur l'activité de service et sur les droits qui en dérivent.

3. Aucun militaire ou employé militaire ne peut jouir d'une solde quelconque d'activité, s'il n'est pas en activité de service.

Nul militaire ou employé militaire ne peut être considéré comme étant en activité de service, qu'autant qu'il a été pourvu de lettres de service par le Ministre secrétaire d'état de la guerre, et qu'à dater du jour où il entre en service.

Néanmoins les officiers en disponibilité sont considérés sous le rapport de la solde, comme en activité de service.

Les officiers sans troupe ou employés militaires entrent en service lorsqu'ils prennent possession de leur emploi, ou lorsqu'ils se mettent en route pour en aller prendre possession.

Les militaires et employés militaires en congé continuent d'être en activité de service. (*Art.* 3.)

4. L'activité de service cesse le lendemain du jour où l'on reçoit l'ordre de quitter le service.

Elle cesse, pour l'officier démissionnaire, le lendemain du jour où l'acceptation de sa démission lui a été notifiée.

Les officiers sans troupe et employés militaires, prisonniers de guerre, cessent d'être en activité de service du jour où ils rentrent des prisons de l'ennemi, soit en vertu d'un cartel d'échange ou sur parole.

Les militaires, prisonniers de guerre, qui appartiennent à des corps, ne cessent point d'être en activité de service au jour de leur rentrée, à moins qu'ils n'aient été mis en liberté sur parole. (*Art.* 4.)

Interdiction de tout cumul.

5. Aucune solde d'activité ne peut être cumulée avec la pension de retraite, ni avec le traitement de réforme. (*Art.* 5.)

Militaire remplissant les fonctions d'un grade supérieur ou inférieur au sien.

6. Tout militaire ou employé militaire
commissionné pour remplir des fonctions attribuées à un grade supérieur au sien, n'a
droit qu'à la solde attribuée à son grade.

S'il est commissionné pour remplir l'emploi d'un grade inférieur au sien, il ne reçoit que la solde de ce grade inférieur.
(*Art.* 6.)

Militaires proposés pour les invalides ou la retraite.

7. Tout militaire proposé pour les invalides, les compagnies sédentaires ou la pension de retraite, devant rester à son poste ou
à son corps jusqu'au jour inclus de la réception de l'avis officiel de son admission à l'une
de ces récompenses, continue à jouir de la
solde de présence jusqu'à cette époque.
(*Art.* 7.)

Solde due aux militaires décédés.

8. La solde due par l'état aux officiers et
employés militaires décédés est acquise,
jusqu'au jour inclus de leur décès, aux héritiers ou ayant-droit. (*Art.* 8.)

SECTION II.

Positions donnant droit à la solde de présence.

---

§. Ier. *Solde en station sur le pied de paix.*

Entrée en jouissance de la solde de présence.

9. L'officier pouvu de lettres de service, l'employé militaire commissionné, l'homme appelé et l'enrôlé volontaire, ont droit à la solde d'activité du jour de leur entrée en service, telle qu'elle est déterminée par l'article 3. (*Art.* 11.)

Officiers changeant de destination ou promus à un grade supérieur.

10. L'officier sans troupe ou l'employé militaire qui est mis en activité dans le lieu de son domicile, ou qui, promu à un grade supérieur étant en activité de service, ne change pas de résidence, jouit de la solde affectée à son emploi ou à son nouveau grade à compter du jour où il a reçu l'avis de sa nomination.

La réception de cet avis, qui est considérée comme prise de possession, n'a de date légale que celle du *visa* de l'intendant ou du sous-intendant militaire employé sur les lieux, ou, à son défaut, du commandant de la place.

S'il change de résidence par suite de cette nomination, il n'a droit à cette solde qu'à compter du jour de son départ. (*Art.* 13.)

11. L'officier sans troupe ou l'employé militaire qui, à l'époque de sa promotion, se trouve absent de son poste par congé, jouit de la solde affectée à son nouveau grade à compter du jour où il est de retour à sa résidence; et l'officier qui appartient à un corps, à compter du jour où il est reçu dans son nouveau grade, après son retour au corps.

Le retour est constaté par la date du *visa* du sous-intendant militaire sur la pièce qui a autorisé l'absence; en conséquence, cette pièce doit lui être communiquée immédiatement après l'arrivée de l'officier.

Cependant si l'officier ou l'employé militaire dans la position ci-dessus prévue reçoit, avec l'avis de sa promotion, l'ordre de se rendre sans délai à sa destination, et s'il l'exécute immédiatement, il est rappelé de la solde attribuée à son nouveau grade, à compter du jour de son départ. (*Art.* 14.)

12. Tout officier ou employé militaire qui, à l'époque de sa promotion , se trouve absent par mission autorisée de la manière qui sera indiquée à l'article 24 , ou détaché pour le service du recrutement, entre en jouissance de la solde affectée à son nouveau grade , à compter du jour où il reçoit l'avis de sa promotion. La réception de cet avis doit être constatée comme il est expliqué à l'article 13.

13. Cette disposition est applicable aux officiers en disponibilité. (*Art.* 16.)

14. L'officier passant d'un corps dans un autre par l'effet d'une promotion , est payé de la solde affectée à son ancien grade jusqu'au jour exclus de son départ; à dater de cette époque et après son arrivée à sa destination, il est rappelé de la solde attribuée à son nouveau grade. L'arrivée doit être constatée par le *visa* du sous-intendant militaire sur la feuille de route de l'officier. (*Art.* 17.)

Militaires passant dans les colonies.

15. Les militaires ou employés militaires, passant dans les colonies avec l'expectative d'un grade supérieur à celui dont ils sont pourvus, continuent à percevoir la solde de leur ancien grade, jusqu'au jour de leur arrivée à destination. (*Art.* 21.)

Semestriers rappelés avant l'expiration de leurs congés.

16. Les officiers, sous-officiers et soldats qui, étant en semestre ou en congé, sont rappelés avant l'expiration de leur semestre, ont droit à la solde, cumulativement avec l'indemnité de route, et ce à compter du jour de leur départ.

Ce rappel s'effectue sur le pied de la solde de paix en station, moins quinze centimes, pour les sous-officiers et soldats des corps qui jouissent d'un accroissement de solde en temps de guerre; et à l'égard des autres, sur le pied de la solde avec vivres de campagne. (*Art.* 23.)

Officiers en mission.

17. Tout officier envoyé en mission par le

Ministre secrétaire d'état de la guerre, ou, en cas d'urgence, par le général commandant une armée ou une division territoriale, a droit à la solde d'activité pendant le temps de son absence ; mais, à moins d'ordres contraires du Ministre, il ne peut en être rappelé qu'à son retour à son corps ou à son poste.

L'ordre ou l'autorisation dont il est porteur, doit être visé par le sous-intendant militaire, tant au moment de son départ qu'à celui de son retour, pour constater le temps de son absence.

S'il dépasse, sans cause légitime, le temps fixé pour sa mission, il ne peut obtenir le rappel de sa solde sans une décision ministérielle. (*Art.* 24)

Officiers membres de tribunaux militaires.

18. Tout officier en activité de service, appelé à faire partie d'un conseil de guerre ou de révision, jouit de son traitement d'activité.

L'officier de troupe remplissant près d'un tribunal militaire les fonctions de rapporteur ou de substitut, et qui, nonobstant le départ de son régiment, se trouve retenu pour l'instruction d'une affaire, conserve également ses droits au traitement d'activité comme s'il était présent à son corps. La durée de sa mission doit être constatée par un certificat du président du tribunal. (*Art.* 25.)

Militaires appelés en témoignage.

19. Les officiers, sous-officiers et soldats appelés en témoignage devant les tribunaux civils ou les conseils de guerre, sont rappelés de leur solde pour le temps de leur absence, après leur retour à leur corps ou à leur poste, et sur le pied déterminé par l'article 23. Le rappel n'a lieu que sur un certificat délivré par le président du tribunal, constatant le jour où leur présence a cessé d'être nécessaire, et qu'autant qu'ils sont partis immédiatement. (*Art.* 26.)

20. Tout militaire en congé ou en semestre, cité en témoignage devant un tribunal civil ou militaire siégeant hors du lieu de sa résidence, est rappelé de sa solde d'activité depuis le jour de son départ dudit lieu jus-

qu'à celui de sa rentrée dans ses foyers ou à son corps.

S'il est cité dans le lieu de son domicile, la disposition ci-dessus ne lui est point applicable; mais s'il y est retenu au-delà du terme de son congé ou de son semestre, il a droit au rappel de la solde d'activité à dater du lendemain de l'expiration dudit congé ou semestre.

Ces rappels ne peuvent être effectués que sur la production du certificat exigé par l'article précédent. (*Art.* 27.)

Militaires rentrant des prisons de l'ennemi.

21. L'officier appartenant à un corps de troupe, et qui rentre des prisons de l'ennemi en vertu d'un cartel d'échange, a droit à la solde d'activité de la dernière classe de son grade, à dater du jour de sa rentrée en France, s'il rejoint immédiatement son corps. (*Art.* 29.)

§ II. *De la solde en route.*

Solde de route ; à qui allouée.

22. Les corps et détachemens ont seuls droit à la solde de route. Pour former un

détachement, il faut être au moins six hommes réunis du même corps. Cependant le détachement qui est réduit en route au-dessous de six hommes, continue à recevoir la solde de route jusqu'à sa destination. (*Art.* 39.)

Comment allouée.

23. La solde de route est allouée pour toutes les journées de marche et de séjour, y compris le jour du départ et celui d'arrivée à destination.

Elle n'est point due pour un mouvement de troupes qui n'exige qu'un jour de marche. (*Art.* 40.)

24. Lorsqu'une troupe se rend de l'intérieur du royaume à une armée stationnée hors du royaume, elle a droit à la solde de route jusqu'au jour inclus de son arrivée à la frontière. Si elle quitte cette armée pour se rendre dans l'intérieur, elle a droit à la solde de route à compter du jour où elle passe la frontière, pourvu que, dans l'un et l'autre cas, elle ne jouisse pas des vivres de campagne.

Lorsqu'une troupe se rend du lieu de sa

garnison à une armée stationnée dans l'intérieur du royaume, elle jouit de la solde de route jusqu'au jour inclus de son arrivée à sa destination, lors même que, pour y arriver, elle serait obligée de marcher dans l'arrondissement de l'armée.

Si elle quitte une armée stationnée dans l'intérieur du royaume pour se rendre au lieu de sa garnison, elle a droit à la solde de route à compter du jour où elle se met en mouvement pour se rendre à sa destination, quel que soit le point de départ.

Les troupes en marche faisant partie d'une armée ou d'un rassemblement sur le pied de guerre, et en général toutes celles qui jouissent des vivres de campagne, ne peuvent prétendre à la solde de route. (*Art.* 41.)

Militaires isolés.

25. Lorsque les hommes mis en route ne sont pas en nombre suffisant pour former détachement, ils sont rappelés, à leur destination, de leur solde sur le pied déterminé par l'art. 23, et ce indépendamment de l'indemnité de route qui leur est allouée pendant le voyage.

La même disposition est applicable aux hommes envoyés en ordonnance à plus de six lieues de leurs corps, et généralement à tout sous-officier et soldat voyageant iso‑lément pour objet de service. (*Art.* 42.)

§ III. *De la solde sur le pied de guerre.*

Cas où la solde de guerre est due.

26. Aucune armée, aucune troupe ou rassemblement de troupes, ne peut jouir de la solde de guerre, ni passer du pied de guerre au pied de paix, sans une décision royale.

Les troupes faisant partie de la garnison d'une place mise en état de siége, et les employés militaires attachés au service de cette place, ne peuvent avoir droit à la solde de guerre, ni passer du pied de guerre au pied de paix, qu'en vertu d'une sembla‑ble décision. (*Art.* 43.)

27. Les officiers sans troupe et les corps ne peuvent jouir de la solde de guerre, sauf l'exception résultant de l'article 45, qu'au‑tant qu'ils font partie d'une armée ou d'un rassemblement mis sur le pied de guerre,

ou de la garnison d'une place en état de siége, et seulement pour les journées de présence dans ces armées, rassemblement ou place.

En conséquence, lorsqu'ils reçoivent l'ordre de se rendre à une armée ou à un rassemblement de troupes mis sur le pied de guerre, ils ne commencent à jouir du supplément de guerre qu'à compter du jour où ils passent la frontière, si l'armée ou le rassemblement se trouve hors du royaume ; et dans le cas contraire, qu'à compter du lendemain du jour où ils sont arrivés au lieu de destination indiqué dans leurs feuilles de route.

Quand ils reçoivent l'ordre de quitter l'armée, ils cessent d'avoir droit à la solde de guerre à compter du jour où ils passent la frontière ; et si l'armée se trouve dans l'intérieur du royaume, à compter du jour de leur départ. (*Art.* 44.)

28. Les officiers sans troupe et les corps de troupe jouissant d'une solde de guerre, en conservent la jouissance sans interruption, lorsqu'ils passent d'une armée ou d'un rassemblement à une autre armée ou

rassemblement qui jouit de la même solde.
(*Art.* 45.)

Solde de vaguemestre.

29. La solde de vaguemestre d'un corps est considérée comme solde de guerre ; elle ne peut être payée qu'aux armées et rassemblemens où les supplémens de guerre sont dus, et pour les journées de service effectif dans cet emploi. Cette solde ne peut être cumulée avec celle affectée au grade.

L'accroissement de solde accordé aux officiers chargés de l'emploi de vaguemestre général d'armée ne doit être alloué que d'après les règles prescrites à l'égard de la solde des vaguemestres des corps. (*Art.* 46.)

§ IV. *De la solde de disponibilité.*

Incompatible avec tout autre traitement militaire.

30. La solde de disponibilité ne peut jamais être cumulée avec aucune espèce de supplément ni d'accessoire de solde. (*Art.* 47.)

Payable au lieu de la résidence.

31. Les officiers en disponibilité jouissent de leur traitement dans le lieu où ils rési-

2

dent avec l'approbation du Ministre secrétaire d'état de la guerre. (*Art.* 48.)

Changement de résidence et absence légale.

32. Aucun officier jouissant de la solde de disponibilité ne peut changer de domicile qu'après en avoir obtenu la permission du Ministre.

Il ne peut également s'absenter de son arrondissement qu'avec l'autorisation du lieutenant-général commandant la division militaire. Cette autorisation doit être présentée au *visa* du sous-intendant militaire, tant au moment du départ de l'officier qu'à son retour. (*Art.* 49.)

33. L'officier en disponibilité qui s'absente légalement de son domicile, est rappelé de sa solde à son retour. Il ne peut en être payé pendant la durée de son absence, qu'en vertu d'une décision spéciale du Ministre. (*Art.* 50.)

Cas d'absence illégale.

34. L'officier en disponibilité qui s'absente de son domicile sans autorisation légale, n'a droit à aucun rappel de solde pour tout le temps de son absence. (*Art.* 51.)

Incompatibilité de cette solde avec tout traitement civil.

35. La solde de disponibilité est incompatible avec l'exercice de toutes fonctions publiques et de tous emplois entraînant la jouissance de traitemens, remises ou honoraires au compte de l'Etat ou des communes.

Tout officier en disponibilité qui accepte un des emplois ou fonctions énoncés ci-dessus est tenu d'en faire la déclaration, dans le mois qui suit sa nomination, à l'intendant ou sous-intendant militaire de l'arrondissement dans lequel il se trouve. (*Art.* 52.)

§ V. *Des Délégations.*

Délégations ; cas où elles sont autorisées.

36. Les officiers de troupe et sans troupe et les employés militaires destinés à passer aux colonies, peuvent déléguer en faveur de leurs familles ou d'un tiers, le quart de la solde du grade dont ils sont pourvus au moment de leur départ. (*Art.* 53.)

Formalités qu'elles entraînent.

Ceux qui veulent user de cette faculté,

2*

sont tenus d'en donner, avant leur départ, leur déclaration au sous-intendant militaire de l'arrondissement ; cette déclaration porte énonciation des noms, prénoms, armes, grades ou emplois des délégans ; du montant de leur solde ; de la portion déléguée ; de l'époque à commencer de laquelle elle doit être payée ; des noms, prénoms et demeures des personnes autorisées à la toucher, et de celles qui doivent leur être substituées, en cas de mort ou de refus des personnes auxquelles ils font la délégation.

Le sous-intendant fait mention des délégations et de leur montant, d'une manière détaillée, sur les livrets des officiers sans troupe et employés militaires qui ont délégué ou sur le livret du corps ou détachement destiné à être embarqué, lorsque le délégant appartient à ce corps ou détachement. Cette mention doit être répétée au dos des brevets, lettres de service ou commisions desdits militaires.

Lorsque les livrets sont renouvelés, conformément à l'article 325, ou lorsque les délégans obtiennent de nouvelles commissions ou lettres de service, la mention est répétée sur les nouveaux livrets, ou sur les nouvelles commissions ou lettres de service.

Les déclarations de délégations sont visées par les sous-intendans militaires, qui énoncent au bas qu'ils ont fait sur les livrets, brevets, lettres de service ou commissions, les mentions ci-dessus prescrites; et elles sont envoyées par ces fonctionnaires à l'administrateur de la marine du lieu de l'embarquement, pour être transmises au Minitre secrétaire d'état de la marine, qui donne les ordres nécessaires pour le paiement des délégations.

37. Les délégations mentionnées en l'article précédent ne peuvent avoir d'effet que pour une année: néanmoins, si l'absence des délégans se prolonge au-delà, la délégation peut être renouvelée pour une autre année, dans les formes qui sont indiquées par l'administration de la colonie où l'officier est employé. Si la déclaration de délégation n'est pas renouvelée, il ne doit plus être fait aucun paiement après l'année révolue. (*Art.* 54.)

38. Les dispositions des deux articles pré-

décens sont applicables, sauf les modifica-
tions ci-après, 1° aux officiers et employés
militaires destinés à passer en Corse ; 2° à
ceux qui sont embarqués pour toute autre
destination que les colonies ; 3° à ceux qui,
en cas de guerre, font partie d'une armée
active employée hors du royaume.

Les déclarations de délégations sont envoyées, par les sous-intendans militaires qui
les visent, au Ministre secrétaire d'état de la
guerre, qui donne les ordres nécessaires pour
le paiement des sommes déléguées.

Le renouvellement des délégations des
officiers employés en Corse ou à une armée
active se fait par-devant les sous-intendans
militaires sous la police administrative desquels ces officiers se trouvent placés. (*Art.*55.)

39. Les officiers partis sans faire de déclaration de délégation, et qui désirent obtenir
cette facilité, y sont admis en remplissant
les formalités prescrites par les articles précédens. (*Art.* 56.)

40. Toute délégation cesse de plein droit
un mois après la rentrée du délégant dans
l'intérieur du royaume. (*Art.* 57.)

41. Toutedélégation de traitement est

interdite, sauf les cas énoncés ci-dessus, et les exceptions particulières que le Ministre secrétaire d'état de la guerre juge à propos d'autoriser. (*Art.* 58.)

Section III.
Position donnant droit à la solde d'absence.

—

§ 1er. *De la solde de congé.*

Nul ne peut s'absenter qu'en vertu d'un congé ou d'une permission.

42. Les militaires ne doivent, hors les cas de maladie ou de mission, s'absenter de leur poste ou de leur corps qu'en vertu de permissions ou de congés.

L'absence des membres du corps de l'intendance militaire, ainsi que celle des employés militaires, ne doit avoir lieu qu'en vertu de congés. (*Art.* 59.)

43. La durée des permissions et congés comprend le temps de l'aller et du retour. (*Art.* 60.)

Permissions ; par qui accordées.

44. Les permissions sont accordées, savoir :
Aux officiers sans troupe, par les officiers généraux sous les ordres desquels ils sont placés ;

Aux officiers, sous-officiers et soldats des corps de troupe, conformément aux dispositions des ordonnances portant réglement sur le service intérieur de ces corps.

Les permissions ne peuvent excéder le terme de huit jours.

Lorsque l'absence doit être de plus de huit jours, elle est autorisée par un congé. (*Art.* 61.)

Différentes sortes de congés.

45. Il y a trois espèces de congés :

Les congés de semestre,

Les congés de convalescence,

Les congés de faveur ou pour affaires personnelles. (*Art.* 62.)

Droits résultant des congés et permissions.

46. Les militaires en permission d'absence, congé de semestre ou de convalescence, ont droit à la solde de congé, telle qu'elle est fixée aux tarifs.

Les congés de faveur sont accordés avec ou sans solde, par décisions ministérielles; le Ministre de la guerre accorde, lorsqu'il le juge convenable, des congés de convalescence avec solde entière.

Les prolongations de permission , congés de semestre et de faveur , sont toujours sans solde. (*Art.* 63.)

Officiers allant exercer leur droit d'électeur.

47. Les dispositions de l'article précédent ne sont point applicables aux officiers qui s'absentent par congé pour aller exercer leur droit d'électeur , ou qui, étant déjà en congé, obtiennent des prolongations pour le même objet.

Les premiers jouissent , si leur position militaire ne change point durant les élections, de la solde , des accessoires de solde et des indemnités auxquelles ils ont droit quand ils sont présens à leurs corps, à l'exception toutefois du supplément de Paris et de l'indemnité de représentation , celle-ci étant acquise à leurs suppléans , conformément aux dispositions des articles 163 et 168.

Les derniers ont droit au même traitement pour le temps de la prolongation seulement.

La durée de leur absence ne peut excéder le temps nécessaire pour le voyage et la tenue du collége électoral. Ceux qui outrepassent ce temps, perdent leurs droits au rappel de leur solde.

Les officiers en congé de semestre ou autre, qui se rendent aux élections pendant la durée dudit congé seulement, n'ont droit qu'au traitement affecté à leur position. (*Art.* 64.)

Congés à l'étranger et aux colonies.

48. Les congés accordés pour aller en pays étranger ne donnent droit à aucune solde.

Les congés avec solde accordés pour passer aux colonies, ne peuvent donner droit à plus de six mois de traitement, lors même qu'ils excéderaient ce terme. (*Art.* 66.)

Congés de semestre.

49. Les congés de semestre sont accordés aux officiers, sous-officiers et soldats des corps de troupe, par les inspecteurs-généraux d'armes, lors de leur revue d'inspection.

Après ce terme, les lieutenans-généraux commandant les divisions militaires sont autorisés à en délivrer de temporaires pendant le reste de la saison des semestres, et ces congés sont également avec solde.

Le nombre de ces semestres et congés temporaires ne doit, dans aucun cas, excéder celui fixé par les ordonnances et instructions spéciales.

La saison des semestres commence au 1er octobre, ou le lendemain de la revue d'inspection, si elle n'a pu être close à cette époque, et finit au 1er avril. (*Art.* 67.)

50. Les officiers qui se trouvent en congé au moment de la délivrance des semestres, devant, de fait, être considérés comme semestriers pour le temps de leur congé qui dépasse le 1er octobre ou l'époque à laquelle le corps a pris le semestre, sont, à partir de cette époque, traités comme semestriers sous le rapport de la solde, s'ils acceptent le semestre. Dans le cas contraire, ils doivent être de retour au corps le jour même de l'expiration de leur congé, sous peine de perdre tout droit au rappel de la solde qui peut leur être due. (*Art.* 68.)

51. Les officiers, sous-officiers et soldats

qui, désignés pour aller en semestre, partent avant le jour fixé pour le départ des semestriers du corps, n'ont droit à aucune espèce de rappel pour le temps de leur absence. (*Art.* 69.)

52. Les colonels, lieutenans-colonels, majors et aide-majors, les aumôniers, officiers d'habillement, trésoriers et chirurgiens ne peuvent s'absenter plus de huit jours sans un congé spécial délivré par le Ministre de la guerre (1). Ceux d'entre eux à qui il en est accordé pour leur tenir lieu de semestre, sont traités, quant à la solde, comme les semestriers. (*Art.* 70.)

Congés de convalescence.

53. Les congés de convalescence et les prolongations de ces congés sont accordés par le Ministre secrétaire d'état de la guerre;

____

(1) Cet article a été modifié par l'ordonnance du 2 novembre 1833 sur le service intérieur des corps, qui permet aux colonels, lieutenans-colonels, etc., de s'absenter pendant trente jours. (Art. 255, Infanterie ; et 318, Cavalerie)

Note de l'auteur.

néanmoins les officiers , autres que ceux désignés en l'art. 70 , ainsi que les sous-officiers et soldats des corps de troupe, peuvent en obtenir des lieutenans-généraux commandant les divisions.

Dans ce dernier cas , ces officiers généraux ne doivent accorder un premier congé que pour trois mois au plus , avec solde , sauf à donner plus tard un second congé, également avec solde, qui ne peut jamais dépasser la même durée. Ces deux congés successifs ne doivent être considérés que comme un seul congé de convalescence , dont la durée ne peut excéder six mois.

Ces dispositions sont applicables aux militaires qui , étant éloignés de leurs corps , obtiennent , des lieutenans-généraux commandant sur les lieux , des congés ou prolongations de congé de convalescence. (*Art.* 71.)

Congés de faveur.

54. Ainsi qu'il est dit à l'art. 63 , la délivrance des congés de faveur appartient au Ministre secrétaire d'état de la guerre ; toutefois les lieutenans-généraux commandant

les divisions ont la faculté d'en accorder , mais sans solde, aux officiers des corps, pourvu que leur durée n'excède pas un mois. (*Art.* 72.)

Visa des congés et permissions avant le départ.

55. Tout militaire qui obtient une permission de s'absenter ou un congé, de quelque espèce qu'il soit , est tenu, avant son départ , de le présenter au *visa* du sous-intendant militaire. En cas d'absence de ce fonctionnaire , la formalité du *visa* est remplie par le commandant de la place.

S'il s'agit d'un officier sans troupe, quel que soit son grade, le sous-intendant militaire, ou à son défaut, le commandant de la place, indépendamment du *visa*, annote sur le livret de l'officier la date, la nature et la durée du congé.

Les congés délivrés aux intendans militaires sont visés par le lieutenant-général commandant la division ; les congés des sous-intendans le sont par les maréchaux-de-camp commandant les subdivisions.

Ce *visa* est toujours daté. (*Art.* 74.)

Militaires en congé ; comment rappelés.

56. Les militaires qui obtiennent des semestres ou congés, sont payés de leur traitement d'activité jusqu'au jour de leur départ exclusivement. A leur retour, ils sont rappelés de la solde à laquelle ils ont droit pour le temps de leur absence.

Ceux qui reçoivent une autre destination pendant le temps de leur congé, sont rappelés de la solde d'absence au titre du nouveau corps. (*Art.* 75.)

57. En aucun cas, les militaires ne peuvent être payés de leur solde de congé pendant leur absence, sans une décision spéciale du Ministre, et sans la production d'un certificat délivré par le conseil d'administration de leur corps, et constatant qu'ils ne sont passibles d'aucune retenue. (*Art.* 76.)

Militaires rejoignant avant l'expiration de leurs congés.

58. Tout officier en congé ou en semestre, ayant la faculté de rentrer à son corps avant l'expiration de son congé, recouvre ses droits à la solde d'activité le lendemain de son retour. (*Art.* 77.)

Cas où le corps change de garnison.

59. Lorsqu'un corps change de garnison, les militaires de ce corps qui se trouvent alors en congé ou en semestre, sont considérés comme rendus à leur poste, quand, n'ayant point été informés à temps de ce mouvement, ils arrivent à l'ancien lieu de garnison à l'expiration de leurs congés.

Ils ont droit, à partir de ce jour, à la solde entière, et à l'indemnité de route, s'ils ne forment pas un détachement. (*Art.* 78.)

60. Les militaires qui, étant en congé de semestre ou autre, sont informés du changement de garnison de leur corps, doivent se diriger sur le lieu de la nouvelle garnison, et rentrer en jouissance de la solde de présence à dater du lendemain de leur arrivée dans ce lieu, lors même qu'ils y devanceraient le corps.

Néanmoins il leur suffit d'y être rendus en même temps que le corps, nonobstant l'expiration de leur congé; dans ce cas, le congé est considéré comme expiré seulement du jour de leur arrivée. (*Art.* 79.)

Militaires qui dépassent les limites de leur congé.

61. Les militaires qui, étant en congé avec solde, rentrent après l'expiration de leur congé, ne reçoivent aucun rappel pour le temps de leur absence, à moins que leur retard n'ait été causé par maladie, et qu'ils n'en justifient, savoir :

Les officiers, par un certificat du médecin et du chirurgien de l'hôpital militaire, et, à son défaut, de ceux des hospices civils du chef-lieu de l'arrondissement, indiquant la nature de leur maladie et le temps qu'a exigé leur traitement.

Les sous-officiers et soldats, par des billets de sortie d'hôpitaux en bonne forme, ou, s'ils n'ont pu se faire traiter à l'hôpital, par des certificats des officiers de santé ci-dessus indiqués.

Ces certificats doivent être soumis au *visa* motivé du sous-intendant militaire ou de l'officier général de l'arrondissement. Ce *visa* devra faire mention, en ce qui concerne les sous-officiers et soldats, de l'impossibilité de l'admission dans les hôpitaux. (*Art.* 80.)

62. Tout militaire qui, par exception, a été autorisé à toucher sa solde pendant le temps de son congé, et qui se trouve dans le cas d'exclusion prévu à l'article précédent, est tenu de rembourser au trésor royal les sommes qui lui ont été payées pour solde de congé. Ce remboursement s'effectue au moyen d'une retenue mensuelle du cinquième de sa solde d'activité. (*Art.* 81.)

63. Le militaire qui, étant en congé avec solde ou sans solde, n'a pu, pour cause de maladie constatée de la manière prescrite par l'article 80, rejoindre son corps ou son poste avant l'expiration de son congé, est considéré comme étant encore en congé avec ou sans solde, pour tout le temps écoulé depuis le jour où son congé a expiré, jusqu'au jour inclus de sa rentrée à son corps ou à son poste. (*Art.* 82.)

Epoque de la rentrée en jouissance de la solde d'activité.

64. Les militaires en congé avec solde ou sans solde ne peuvent rentrer en jouissance de la solde de présence que le lendemain du jour où ils ont rejoint leur corps ou leur

poste , sauf le cas prévu par les articles 23 et 75. (*Art.* 83.)

Visa des congés au retour.

65. Tout militaire rentrant de congé est tenu de se présenter chez le sous-intendant militaire, ou en cas d'absence de ce fonctionnaire , chez le commandant de la place, pour faire constater par un *visa*, sur son congé , la date de son retour à son corps ou à son poste.

L'intendant et le sous-intendant militaire doivent faire constater la date de leur retour à leur poste de la manière prescrite par l'article 74. (*Art.* 85.)

§ II. *De la Solde d'hôpital.*

Du droit à la solde d'hôpital.

66. La solde d'hôpital est due à tout officier, sous-officier et soldat en activité, depuis le jour inclus de son admission à l'hôpital du lieu, jusqu'à celui de sa sortie exclusivement. (*Art.* 86.)

Rappel de cette solde ; comment effectué.

67. Lorsqu'un militaire sortant de l'hôpi-

tal externe est de retour à son corps ou à son poste, il est rappelé, sur la présentation de son billet de sortie, sauf le cas prévu par l'art. 89, de la solde d'hôpital pour tout le temps qu'il y a séjourné. Il est rappelé en outre de sa solde, tant pour l'aller que pour le retour, sur le pied déterminé par l'article 23. (*Art.* 87.)

68. Le décompte des journées d'hôpital est fait, pour les officiers, sur le pied de trente jours par mois, pour les sous-officiers et soldats, à raison du nombre effectif de jours dont se compose chaque mois. (*Art.* 88.)

Cas où ce rappel n'est pas dû.

69. Tout sous-officier ou soldat qui, sans motif légitime, ne rejoint pas son corps immédiatement après sa sortie de l'hôpital, n'a droit à aucun rappel pour le temps de son absence. (*Art.* 89).

Militaires allant aux eaux.

70. Les militaires autorisés à aller prendre les eaux dans les lieux où il existe des établissemens militaires, sont assimilés, sous le

rapport de la solde, à ceux qui se rendent aux hôpitaux externes.

Les officiers conservent leur solde de présence dans le cas où, faute de place dans ces établissemens, ils ont été obligés de se faire traiter à leurs frais, ce qui doit être constaté par un certificat du sous-intendant militaire. (*Art,* 91.)

71. Lorsque des officiers malades ont besoin, en raison de la nature de leur maladie, d'aller prendre les eaux dans les lieux où il n'existe point d'établissement militaire, le Ministre secrétaire d'état de la guerre peut leur en accorder l'autorisation et leur conserver la solde de présence.

Ceux qui réclament cette autorisation, doivent justifier par certificat des officiers de santé de l'hôpital militaire le plus voisin du lieu de leur résidence, que l'usage des eaux auxquelles ils veulent se rendre leur est indispensable.

Pour obtenir ensuite le rappel de leur solde, ils ont à produire un autre certificat du médecin en chef de l'établissement, constatant le temps pendant lequel ils y ont été traités. Ce certificat doit être visé par le maire du lieu. (*Art.* 92.)

Admission des domestiques d'officiers dans les hôpitaux.

72. Les officiers employés aux armées actives ont le droit de faire admettre leurs domestiques dans les hôpitaux ou ambulances de l'armée. Ils signent les billets d'entrée, et mention de l'admission est faite sur les contrôles annuels, dans les colonnes destinées à constater les mutations de ces officiers.

Ils supportent, sur leur solde, une retenue de 1 fr. 30 c. par chaque journée de séjour de leurs domestiques dans les hôpitaux. Cette retenue a lieu tant qu'ils ne produisent pas les billets de sortie. (*Art.* 93.)

§ III. *De la solde d'hôpital en congé.*

Militaires en congé avec solde.

73. Les officiers, sous-officiers et soldats qui tombent malades, étant en congé avec solde, sont admis dans les hôpitaux sur la présentation de leurs congés. Le jour de l'admission et celui de la sortie sont annotés

sur lesdits congés par le sous-intendant militaire qui a délivré le billet d'entrée.

A leur retour, ils sont rappelés de la solde de semestrier à l'hôpital, pour tout le temps pendant lequel ils y ont séjourné, et de la solde de semestre, pour les journées antérieures à leur entrée et pour celles postérieures à leur sortie. (*Art.* 94.)

Militaires en congé sans solde.

74. Les militaires qui tombent malades étant en congé sans solde, peuvent également être admis à l'hôpital. Leur entrée et leur sortie sont constatées suivant le mode prescrit à l'article précédent.

Après leur rentrée à leur corps ou à leur poste, les officiers subissent sur leur solde courante la retenue fixée par le tarif pour le temps de leur séjour à l'hôpital, et ce à raison de trente jours pour chaque mois.

' Il n'est fait aucune retenue aux sous-officiers et soldats. (*Art.* 95.)

§ IV. *De la Solde des Militaires en déten-tion ou en jugement.*

Officiers et employés militaires mis en jugement.

75. Les officiers de troupe ou sans troupe et les employés militaires mis en jugement, reçoivent, pendant le temps de leur déten-tion, et jusqu'au jour du jugement défini-tif, le tiers de la solde en station sur le pied de paix, sans accessoire.

S'ils sont acquittés, ils sont rappelés, à leur retour à leur corps ou à leur poste, du surplus de leur solde pour tout le temps de leur détention ; s'ils sont condamnés, ils n'ont aucun droit à ce rappel. (*Art.* 96.)

76. Tout officier ou employé détenu qui vient à mourir avant son jugement, étant présumé innocent, ses héritiers ont droit au rappel auquel il aurait eu droit lui-même, s'il avait été acquitté. (*Art.* 97.)

§ V. *De la Solde de captivité.*

Du droit à la solde de captivité.

77. La solde de captivité est due à tout militaire ou employé militaire fait prison-

nier de guerre, à dater du lendemain du jour où il est tombé au pouvoir de l'ennemi, jusqu'au jour exclus de sa rentrée en France. (*Art.* 100.)

Paiement à faire aux officiers rentrant de captivité.

78. Les officiers de toutes armes et sans troupe et les employés militaires qui sont restés au moins deux mois au pouvoir de l'ennemi, reçoivent, à leur rentrée en France, une avance de deux mois de la solde de captivité de leur grade. Il est fait mention de ce paiement sur la feuille de route qui leur est délivrée.

S'ils sont restés moins de deux mois chez l'étranger, ils obtiennent seulement le paiement de ce qui leur est dû pour le temps de leur captivité. (*Art.* 101.)

Officiers rentrés par échange.

79. L'officier de troupe rentré des prisons de l'ennemi en vertu d'un cartel d'échange, doit se rendre immédiatement à son corps, où il est rappelé de sa solde de captivité, sauf déduction de l'avance qui lui a été faite. Il est ensuite traité conformément aux dispositions de l'article 29. (*Art.* 102.)

80. L'officier sans troupe rentrant en vertu d'un cartel d'échange, doit se rendre dans ses foyers. Aussitôt après son arrivée, il en donne avis au Ministre secrétaire d'Etat de la guerre, en lui adressant copie collationnée, par l'autorité locale, du titre qui a autorisé sa rentrée.

Sur cet avis, le Ministre de la guerre lui fait expédier, s'il y a lieu, de nouvelles lettres de service, en vertu desquelles il reçoit une feuille de route avec indemnité, pour se rendre au poste qui lui a été assigné.

Jusqu'à la réception de ses nouvelles lettres de service, ou de la décision qui a statué sur son sort, il est considéré comme étant en disponibilité, à compter du jour de sa rentée.

Il est rappelé, en outre, de sa solde de captivité, sous la déduction de ce qu'il a reçu à titre d'avance. (*Art.* 103.)

Officiers rentrés sur parole.

81. L'officier de troupe ou sans troupe qui rentre sur parole des prisons de l'ennemi, se rend pareillement dans ses foyers ;

et aussitôt après son arrivée, il en informe le Ministre secrétaire d'Etat de la guerre, en lui envoyant copie duement collationnée du titre en vertu duquel il est rentré.

D'après cet avis, le Ministre secrétaire d'Etat de la guerre l'autorise à jouir du traitement de réforme, à compter du jour de son retour en France; il a droit, en outre, au rappel de la solde de captivité, sauf déduction de l'avance autorisée par l'article. 101.

Lorsque, après son échange, il reçoit de nouvelles lettres de service, il est traité à l'instar des officiers passant de la non-activité à l'activité. (*Art.* 104).

Employés militaires.

82. L'employé militaire rentrant des prisons de l'ennemi en vertu d'un cartel d'échange ou sur parole, se rend aussi dans ses foyers; il adresse le titre qui a autorisé sa rentrée au Ministre secrétaire d'état de la guerre, qui peut, s'il le juge convenable, lui accorder une gratification une fois payée, en attendant qu'il puisse lui conférer un nouvel emploi. Il a droit, en outre,

au rappel de sa solde de captivité, sauf la déduction de l'avance qui a pu lui être faite conformément à l'article 101. (*Art.* 105.)

Sous-employés.

83. Les sous-employés des hôpitaux et des services administratifs, rentrant des prisons de l'ennemi, reçoivent deux mois de solde, s'ils sont restés pendant deux mois au moins au pouvoir de l'ennemi; et s'ils y sont restés moins de deux mois, la solde leur est payée pour le temps de leur captivité. (*Art.* 106.)

Militaires faits prisonniers en mer ou dans les colonies.

84. Les officiers, sous-officiers et soldats mis à la disposition de la marine, à quelque titre que ce soit, et qui auraient été faits prisonniers de guerre après leur embarquement, doivent être payés de ce qui leur sera dû pour solde de captivité, selon le cas, et suivant les règles prescrites par les articles 419 et 420. (*Art.* 107.)

Pièces à produire par les prisonniers rentrés.

85. Les militaires de tous grades rentrant

des prisons de l'ennemi, sont payés par les soins du premier sous-intendant militaire auquel ils se présentent, de l'avance ou du décompte énoncés à l'article 101.

Pour obtenir ce paiement, ils doivent produire, savoir : chaque officier, à défaut de son brevet ou de sa lettre de service, un certificat du commissaire de la puissance chez laquelle il a été détenu, constatant son grade et le temps pendant lequel il est resté en captivité ; et chaque sous-officier ou soldat, un semblable certificat : faute de quoi, le paiement de ce qui peut être dû aux uns et aux autres en vertu des articles précités, est ajourné jusqu'à ce que leurs droits aient été reconnus ; et, dans ce cas, ils ne reçoivent que l'indemnité de route, jusqu'à leur arrivée, soit à leur corps, soit dans leurs foyers. (*Art.* 108.)

Secours aux familles des prisonniers de guerre.

86. Lorsque des officiers ou employés militaires ont été faits prisonniers de guerre, le Ministre secrétaire d'Etat de la guerre peut autoriser leurs familles à recevoir la moitié de leur traitement de captivité.

Les autorisations accordées en vertu de la disposition précédente , ne peuvent avoir d'effet que pour une année , si elles ne sont pas renouvelées.

Ces paiemens ont lieu à titre d'avance , et la retenue en est opérée sur le décompte de la solde de captivité des officiers ou employés , lors de leur retour en France. (*Art.* 109.)

§ VI. *De la Solde de congé illimité.*

Définition de la solde de congé illimité.

87. La solde de congé illimité consiste dans la demi-solde de la dernière classe de chaque grade , telle qu'elle était réglée à l'époque où les officiers qui en jouissent ont été mis dans cette position, et sans aucun supplément ni accessoire. Il en est de même de la solde des officiers faisant partie des cadres de remplacement. (*Art.* 110.)

88. Les dispositions des articles 48 , 49, 50, 51 et 52 , concernant les officiers en disponibilité, sont applicables aux officiers en congé illimité et à ceux faisant partie des cadres de remplacement. (*Art.* 111.)

SECTION IV.

Positions entraînant privation de la Solde.

Absence illégale.

89. Tout militaire qui s'absente de son corps ou de son poste sans autorisation légale, ne reçoit aucune solde pour le temps de son absence. (*Art.* 112.)

Réforme ou suspension.

90. L'officier ou l'employé militaire suspendu de ses fonctions ou réformé cesse d'avoir droit à la solde d'activité à dater du lendemain du jour de la notification officielle de sa réforme ou de la suspension de ses fonctions. (*Art.* 114.)

91. L'officier ou l'employé militaire qui, aprés avoir été destitué, suspendu de ses fonctions ou condamné, obtient sa réintégration, n'a droit à aucune espèce de rappel pour le temps de son inactivité, à moins d'une décision royale. (*Art.* 115.)

Militaires rentrant après les délais fixés par leur feuille de route.

92. Tout officier qui se rendant à son corps

ou à son poste, a droit à une solde quelconque pour le temps de sa route, ne peut être rappelé de cette solde, s'il n'a rejoint dans les délais fixés par sa feuille de route, et sauf le cas d'empêchement légitime duement constaté.

93. Le militaire qui ne rapporte pas sa feuille de route ou son congé, ne peut prétendre à aucun rappel de solde avant l'expiration d'un délai de six mois. (*Art.* 119.)

Officier démissionnaire.

94. L'officier qui donne sa démission étant en congé avec solde ou en prolongation de congé, ne peut prétendre à aucun rappel pour le temps de son absence, si sa démission est acceptée. (*Art.* 120.)

Autres cas emportant privation de la solde.

95. Enfin, la privation de solde est étendue aux militaires des différens grades qui se trouvent dans l'une des positions spécifiées aux articles 24, 63, 64, 66, 68, 69, 80 et 89. (*Art.* 121.)

CHAPITRE II.

Des Accessoires de solde.

SECTION Ire.

Des Supplémens.

———

§. I. *Des Supplémens pour ancienneté de grade.*

Médecins et chirurgiens.

96. Les officiers de santé du grade de médecin et de médecin adjoint, de major et d'aide-major, ont droit à l'accroissement de solde pour ancienneté déterminée par le tarif, à dater du jour où ils ont atteint leur dixième, vingtième ou trentième année de service dans ce grade ; mais ils ne peuvent en être payés qu'en vertu d'une décision spéciale du Ministré secrétaire d'Etat de la guerre. (*Art.* 126.)

§. II. *Des Supplémens à la solde de route.*

Indemnité représentative du cheval de selle.

96. L'indemnité accordée en remplacement du cheval de selle aux capitaines, lieutenans

et sous-lieutenans des troupes à pied, ainsi qu'aux trésoriers et chirurgiens âgés de plus de cinquante ans, quand ils voyagent en corps ou détachement, leur est due pour toutes les journées de marche, celles de séjour exceptées.

Ils n'y ont pas droit lorsqu'ils voyagent dans la circonscription d'une armée ou d'un rassemblement sur le pied de guerre, et que le corps dont ils font partie est traité sur ce pied. (*Art.* 149.)

97. Cette indemnité est accordée aux officiers des mêmes grades ou emplois, âgés de moins de cinquante ans, et voyageant avec leur régiment, lorsqu'ils justifient,

1° Par certificat des officiers de santé du corps, qu'ils sont dans l'impossibilité de faire la route à pied;

2° Par un certificat du conseil d'administration que cette impossibilité est une suite des événemens de la guerre. (*Art.* 150.)

Supplément pour distances d'étape parcourues en sus de la première.

98. Le supplément de solde de route accordé pour les distances d'étapes parcou-

rues dans un même jour en sus de la première , est dû aux corps et détachemens
lorsque le mouvement a lieu d'après un
ordre spécial du Ministre secrétaire d'Etat
de la guerre, ou, en cas d'urgence, du général commandant sur les lieux.

Les troupes transportées par relais ont
droit à ce supplément; mais il ne peut
être alloué à celles transportées par eau.
(*Art.* 151.)

§ III. *Du Supplément de solde pour rési-*
dence dans Paris.

Positions donnant droit à ce supplément.

99. Le supplément de solde pour séjour à
Paris est dû aux officiers, jusqu'au grade
de colonel inclusivement, ainsi qu'aux sous-
officiers et soldats des corps de la garde
royale et de la ligne stationnés, soit dans
la capitale, soit dans les places de Vincennes,
Bicêtre , Saint-Denis, Neuilly , Ruel et
Courbevoie. (*Art.* 152.)

100. Les officiers sans troupe ci-après
désignés ont droit au même supplément.

1° Les officiers de l'état-major de la garde

royale, y compris les aides de camp des officiers généraux de cette garde ;

2° Les officiers de l'état-major général de la première division militaire ;

3° Ceux de l'état-major de la place de Paris ;

4° Les sous-intendans militaires et adjoints de la garde royale, et ceux attachés au service de la place de Paris ;

5° Les officiers et gardes de la direction d'artillerie à Paris (service territorial) ;

6° Ceux de la direction du génie à Paris (*idem*) ;

7° Les aides de camp des capitaines des gardes dont les compagnies sont de service ;

8° Les officiers employés près des princes de la famille royale et du sang. (*Art.* 153.)

101. Le supplément de solde pour séjour à Paris n'est dû aux officiers, sous-officiers et soldats que pour les journées de présence à leur poste. En conséquence, les militaires qui viennent à Paris en mission ou en congé, ceux qui, étant en service à Paris ou dans la banlieue, vont en mission, en congé, ou entrent aux hôpitaux, n'y ont pas droit pour les journées pendant les-

quelles ils se trouvent dans ces positions. Les corps de la garde royale dont les garnisons ne sont éloignées de Paris que d'une journée de marche, jouissent du supplément pour cette journée de marche, soit pour aller, soit pour revenir. (*Art.* 154.)

102. Les officiers et sous-officiers composant le dépôt de recrutement du département de la Seine, jouissent du supplément de Paris pendant tout le temps qu'ils sont en service dans cette place. (*Art.* 155.)

103. Les officiers de l'état-major ou des corps de la garde royale, qui ont droit au supplément de Paris lorsqu'ils font le service dans cette place, en jouissent, ainsi que les sous-officiers et soldats, pour les journées de présence dans tous les lieux où ils sont de service auprès du Roi. (*Art.* 156.)

104. Le supplément de solde pour séjour à Paris ne peut être alloué, sans une décision du Ministre secrétaire d'Etat de la guerre, aux militaires qui ne se trouvent pas dans une des positions désignées par les articles précédens. (*Art.* 157.)

§ IV. *Des Supplémens de solde aux militaires employés près les dépôts de recrutement.*

Officiers composant les dépôts de recrutement.

105. Les officiers faisant partie des dépôts de recrutement, ont droit au supplément du cinquième en sus de leur solde, depuis le lendemain de leur arrivée au dépôt, jusqu'au jour exclus de leur départ pour retourner à leurs corps.

Ce supplément est calculé, pour les lieutenans et sous-lieutenans qui jouissent déjà du supplément de 200 francs, sur leur solde augmentée de cette somme. (*Art.* 159.)

Militaires détachés extraordinairement pour le service du recrutement.

106. Les officiers en activité, qui sont détachés extraordinairement de leurs corps pour le service du recrutement et pour la conduite des hommes de nouvelle levée, ont droit, pendant le temps qu'ils sont employés à ce service, au supplément fixé par l'article 159. (*Art.* 161.)

N'ont pas droit au supplément pour les journées d'hôpital.

107. Tout officier, sous-officier ou soldat marchant pour le service du recrutement, et qui, pendant sa route, entre à l'hôpital, cesse dès lors d'avoir droit au supplément, et doit être traité comme tout autre militaire en activité entrant à l'hôpital externe. (*Art.* 162.)

SECTION II.

Des Indemnités.

———

§ Ier. *De l'Indemnité représentative de Fourrages.*

Positions dans lesquelles cette indemnité est due.

108. Les officiers ou employés militaires à qui les tarifs attribuent l'indemnité représentative de fourrages, en jouissent dans toutes les positions qui leur donnent droit à une solde quelconque d'activité.

Elle leur est due même pendant la durée des congés sans solde ou des prolongations de congé.

Cette indemnité doit être décomptée d'après le nombre effectif de jours dont se compose chaque mois. (171.)

Elle n'est pas due aux armées.

109. L'indemnité représentative de fourrages n'est point due dans les armées ou les rassemblemens mis sur le pied de guerre, à moins que le paiement n'en soit spécialement autorisé par le Ministre secrétaire d'Etat de la guerre.

Hors ce cas, et sauf les exceptions comprises dans l'article 173 ci-après, l'indemnité de fourrages ne peut jamais être payée que pour le nombre de rations dues sur le pied de paix. (*Art.* 172.)

Officiers et employés se rendant à une armée et en revenant.

110. Les officiers et employés auxquels l'indemnité de fourrages est attribuée, et qui reçoivent l'ordre de se rendre à une armée ou rassemblement mis sur le pied de guerre, ont droit à cette indemnité pour le nombre de chevaux qui leur est attribué sur le pied de guerre, à compter du jour de

leur départ jusqu'à celui exclus de leur arrivée à l'armée, où leurs chevaux doivent recevoir les fourrages en nature.

Les officiers qui s'éloignent momentanément de l'armée par suite de mission, jouissent également de l'indemnité de fourrages sur le même pied, pendant tout le temps de leur absence de l'armée, s'ils justifient qu'ils ont emmené leurs chevaux avec eux.

Enfin, ceux qui passent d'une armée à une autre, ou qui sont rappelés de l'armée dans l'intérieur, ont droit à cette même indemnité, depuis le jour de leur sortie du territoire de l'armée, jusqu'à celui inclus de leur arrivée à leur nouvelle destination. (*Art.* 173.)

Cas où l'indemnité est due aux officiers de cavalerie.

111. Les officiers des corps de cavalerie en mission, en congé ou allant aux eaux, jouissent de l'indemnité de fourrages depuis le jour de leur départ jusqu'à celui de leur rentrée inclusivement, lorsqu'ils ont emmené leurs chevaux avec eux, ce qui doit être constaté par un certificat du conseil d'admi-

nistration, visé par le sous-intendant militaire.

La même disposition est applicable à ceux qui sont nommés membres d'un tribunal militaire séant hors du lieu de leur garnison. (*Art.* 174.)

112. Les officiers de cavalerie rejoignant pour la première fois un corps, ou passant d'un corps de cavalerie dans un autre de même arme, ou d'une portion de leur corps à une autre portion, doivent être rappelés, depuis le jour de leur départ jusqu'à celui exclus de leur arrivée, de l'indemnité représentative de fourrages pour ceux des chevaux affectés à leur grade qu'ils justifient avoir emmenés avec eux. (*Art.* 175.)

113. Hors les cas spécifiés aux deux articles précédens, les officiers des corps de cavalerie ne peuvent recevoir l'indemnité représentative de fourrages. (*Art.* 176.)

Officiers passant de l'inactivité à l'activité.

114. Les officiers sans troupe et ceux des corps d'infanterie, ainsi que les employés militaires à qui l'indemnité de fourrages est attribuée, commencent à en jouir,

lorsqu'ils passent de l'état d'inactivité à celui d'activité, à compter du jour où ils ont droit à la solde d'activité. (*Art.* 177.)

Officiers promus.

115. Ceux promus à un grade qui leur donne droit, pour la première fois, à l'indemnité de fourrages, ou qui leur attribue une indemnité supérieure à celle dont ils jouissent déjà, ont droit à l'indemnité affectée à leur nouveau grade, à compter du jour où ils reçoivent la solde de ce grade. (*Art.* 178.)

Officier en retard de rejoindre.

116. L'officier de toute arme en congé, et à qui l'indemnité de fourrages est attribuée, n'en reçoit point le rappel, s'il rentre après l'expiration de son congé. (*Art.* 179.)

117. L'officier voyageant isolément, et qui a droit dans cette position à l'indemnité de fourrages, en est également privé, s'il rentre après les délais fixés par sa feuille de route. (*Art.* 180.)

§ II. *Des Indemnités représentatives de logement et d'ameublement.*

Règle d'allocation.

118. L'indemnité de logement n'est due qu'en station dans l'intérieur du royaume, et lorsque ceux à qui elle est attribuée ne sont ni campés, ni baraqués, ni logés dans les bâtimens militaires ou autres appartenant à l'Etat.

Ceux logés dans les bâtimens non meublés, ont droit seulement à l'indemnité d'ameublement. (*Art.* 182.)

Officiers en mission ou en congé.

119. L'indemnité de logement doit continuer à être payée, pendant la durée de leurs congés ou missions, ou séjour aux hôpitaux, aux chefs d'état major des divisions militaires, aux lieutenans de roi, aux majors et adjudans de place, aux membres du corps de l'intendance militaire, aux secrétaires archivistes des divisions, aux officiers d'artillerie et du génie employés dans les directions, arsenaux, forges, fonderies, poudreries et manufactures

(61)

d'armes, s'ils en jouissaient au moment de leur départ.

Cette disposition est applicable à tous les officiers en mission. (*Art.* 184.)

Officiers appelés en témoignage.

120. Les officiers appelés en témoignage près d'un tribunal civil ou militaire situé hors du lieu de leur garnison ou de leur résidence, ont droit à l'indemnité de logement pendant leur absence, s'ils en jouissaient précedemment. (*Art.* 185.)

Officiers changeant de position.

121. L'officier passant de la non-activité à l'activité, et celui venant d'une résidence où il était logé en nature, ne doivent jouir de l'indemnité de logement ou d'ameublement qu'à compter du lendemain de leur arrivée à leur poste. (*Art.* 186.)

122. Celui qui, jouissant déjà de l'indemnité de logement, est promu à un grade supérieur, reçoit l'indemnité affectée à son nouveau grade, à compter du jour où il a droit d'en toucher la solde. (*Art.* 187.)

123. Les militaires jouissant de l'indemnité de logement ou d'ameublement, qui

entrent aux hôpitaux, qui vont en congé ou qui changent de résidence , ne cessent d'avoir droit à ladite indemnité qu'après l'expiration de la première ou deuxième quinzaine du mois dans lequel ils se sont mis en route , sans toutefois que cette indemnité puisse leur être allouée pour la même quinzaine à une autre résidence.

Cette disposition n'est point applicable aux officiers désignés en l'article 184. (*Art.* 188.)

124. Tout officier passant de l'activité à la non-activité, à la retraite ou à la réforme, a droit à l'indemnité de logement jusqu'à l'expiration de la quinzaine pendant laquelle il aura quitté le service. (*Art.* 189.)

125. Les officiers employés à la conduite des recrues , et qui , au moment de leur départ, jouissent de l'indemnité de logement , la conservent pour le temps de leur absence, lors même qu'ils seraient logés pendant leur route par les soins des maires. (*Art.* 191.)

Supplément pour séjour de Paris.

126. Les supplémens aux indemnités de logement et d'ameublement accordés pour .

le séjour à Paris, sont dus à tout officier ayant droit au supplément de solde dans cette place, s'il y est logé ou meublé à ses frais; mais ils ne sont point dus aux officiers des corps de troupes qui se trouvent stationnés à Bicêtre, Vincennes, Saint-Denis, Neuilly et Courbevoie, pour le temps pendant lequel ces officiers ne sont pas de service dans Paris.

Les officiers généraux et intendans militaires attachés aux états-majors de la garde royale, de la 1re division militaire, ou de la place y ont droit, bien que les uns ni les autres ne jouissent du supplément de solde.

Ces supplémens sont décomptés par quinzaine, dans les cas prévus par l'article 188. (*Art.* 192.)

Médecins et pharmaciens civils.

127. Les médecins et pharmaciens civils chargés du service des salles militaires dans les hôpitaux civils ou militaires, n'ont droit à aucune indemnité de logement, à moins qu'ayant été obligés de changer de résidence, ils n'aient pu être logés dans les bâtimens de l'État. (*Art.* 193.)

Officier qui refuse le logement ou les meubles qui lui sont assignés.

128. Tout officier qui refuse d'occuper le logement qui lui est assigné dans un bâtiment appartenant à l'Etat, ne peut prétendre à l'indemnité représentative de logement.

Il ne peut pas non plus prétendre à l'indemnité d'ameublement, s'il refuse les meubles qui lui sont fournis des magasins militaires. (*Art.* 196.)

§ III. *De l'Indemnité pour frais de bureau.*

Elle est due pour la durée des fonctions.

129. L'indemnité pour frais de bureau attribuée aux chefs d'état-major d'armées et des divisions militaires, aux intendans, sous-intendans et sous-intendans militaires adjoints, aux lieutenans de roi et commandans de postes militaires, ainsi qu'aux directeurs d'artillerie et du génie, leur est allouée à dater du jour de leur entrée en fonctions ; elle cesse avec ces mêmes fonctions. (*Art.* 197.)

Les absences légales n'en suspendent pas la jouissance.

130. Les officiers et fonctionnaires militaires jouissant de l'indemnité de frais de bureau, et qui s'absentent momentanément de leur poste en vertu d'une autorisation légale, conservent leurs droits à cette indemnité pendant tout le temps de leur absence, à la charge par eux de pourvoir à la dépense de leurs bureaux. (*Article* 198.)

§ IV. *Des Indemnités en remplacement de vivres.*

Fournitures qu'elles représentent.

131. Des indemnités représentatives peuvent être accordées en remplacement des vivres de campagne, du vinaigre, de l'eau-de-vie ou du vin. (*Art.* 202.)

Cas où elles sont dues.

132. Les indemnités représentatives sont dues aux corps de troupes et aux militaires dans les mêmes positions où ils ont droit aux distributions en nature qu'elles représentent. (*Art.* 203.)

Par qui autorisées.

133. Hors le cas de force majeure, aucune indemnité en remplacement de vivres ne doit être allouée sans une décision spéciale du Ministre secrétaire d'Etat de la guerre. (*Art.* 204.)

§ V. *Des Indemnités pour pertes de chevaux et d'effets.*

Perte de chevaux.

134. Les officiers autorisés, en raison de leur arme ou de leur grade, à avoir des chevaux, et qui ont été faits prisonniers de guerre autrement que par capitulation, reçoivent, à leur retour des prisons de l'ennemi, l'indemnité pour perte de chevaux déterminée par les tarifs (1), soit qu'ils doivent, ou non, rentrer immédiatement en campagne. (*Art.* 205.)

---

(1) Tous les tarifs de solde applicables aux officiers de santé et d'administration militaires se trouvant placés à la fin de nos Manuels des officiers de santé et d'administration, nous avons cru inutile de les reproduire dans cet ouvrage.

Perte d'effets.

135. L'indemnité pour perte d'effets est due aux officiers qui, ayant été faits prisonniers de guerre autrement que par capitulation, et étant de retour des prisons de l'ennemi, reçoivent l'ordre de rentrer immédiatement en campagne. (*Art.* 206.)

Mode d'allocation.

136. Les indemnités ci-dessus spécifiées ne peuvent être allouées aux officiers sans troupe, que sur des extraits des contrôles annuels, délivrés par les fonctionnaires de l'intendance dépositaires de ces contrôles, et constatant l'époque de la captivité, ainsi que l'affaire où chaque officier a été fait prisonnier de guerre. Si les contrôles annuels ont été envoyés au ministère de la guerre, les indemnités ne peuvent être accordées que sur une autorisation du Ministre secrétaire d'Etat de la guerre.

Pour les officiers des corps, les indemnités de perte ne peuvent être accordées que sur un certificat du conseil d'administration de leurs corps, constatant également l'époque de la captivité et l'affaire où elle a eu lieu. Ce certificat doit être visé, après vérification, par le sous-intendant militaire, tant sur les contrôles annuels, que sur le contrôle particulier des prisonniers de guerre et le registre de service des officiers. (*Art.* 207.)

Chevaux tués dans une action.

137. Les officiers qui, dans une affaire contre l'ennemi, ont eu des chevaux tués, reçoivent, pour chaque cheval, l'indemnité fixée par les tarifs. La perte est constatée par des certificats qui indiquent la date et l'affaire où elle a eu lieu. Ces certificats sont délivrés, savoir : pour les officiers sans troupe, par les chefs d'état-major, et visés par les généraux commandant en chef sous les ordres desquels ils se trouvent ; et pour les officiers des corps, par les conseils d'administration de ces corps, et visés par les généraux commandant en chef l'armée. Ces certificats doivent, sous peine de déchéance, être remis dans les quinze jours qui suivent l'événement, à l'intendant ou au sous-intendant chargé d'ordonnancer le paiement de

la solde des officiers qui ont éprouvé les pertes. (*Art.* 208.)

§. VI. *Des Frais de poste.*

A qui alloués.

138. Les frais de poste sont dus aux officiers, fonctionnaires ou employés militaires chargés de missions urgentes, et dont les ordres portent textuellement cette allocation: ils ne sont pas dus pour le retour, à moins que l'ordre ne porte expressément qu'ils seront payés. (*Art.* 209.)

Par qui ordonnancés.

139. Dans l'intérieur du royaume, l'autorisation de voyager en poste aux frais du département de la guerre ne peut être donnée que par le Ministre de ce département, ou par les généraux commandant les divisions, lorsque le Ministre a jugé à propos de leur déléguer cette faculté.

Les états de frais de poste doivent être adressés au Ministre secrétaire d'Etat de la guerre, qui en fait acquitter le montant sur une ordonnance directe. (*Art.* 210.)

140. A l'armée, la faculté réservée au Ministre par l'article précédent est étendue au général en chef et à l'intendant en chef. Les frais de poste sont liquidés par l'intendant en chef, et payés sur les fonds mis à sa disposition pour ce service. (*Art.* 211.)

141. Les frais de poste sont réglés d'après les fixations d'un tarif spécial. (*Art.* 212.)

Section III.

Des Gratifications.

—

§ I. *De la Gratification d'entrée en campagne.*

Cas où elle est due.

142. Tout officier qui reçoit l'ordre de se rendre a une armée active, stationnée dans l'intérieur ou hors du royaume, et qui exécute cet ordre, a droit à la gratification d'entrée en campagne affectée à son grade. (*Art.* 226.)

Officier promu dans le cours d'une même guerre.

143. Dans le cours d'une même guerre, c'est-à-dire, dans l'intervalle d'une paix

générale à une autre, nul ne peut recevoir deux fois la gratification d'entrée en campagne affectée au même grade; mais à mesure qu'un officier avance en grade dans le cours d'une même guerre , il reçoit, s'il est à une armée active , le complément de la gratification affectée à son nouveau grade. (*Art.* 227.)

Droit d'allocation réservé au Ministre.

144. La gratification d'entrée en campagne ne peut être payée aux officiers qui y ont droit que d'après un ordre spécial du Ministre secrétaire d'Etat de la guerre. (*Art.* 228.)

CHAPITRE III.

Dispositions particulières concernant les Troupes embarquées.

Division de ces troupes en trois catégories.

145. Les troupes mises à la disposition de la marine sont considérées sous trois rapports différens savoir :

1° Celles qui sont destinées à former les garnisons de bord ;

2° Celles qui sont embarquées pour aller

tenir garnison sur un point autre que les co-lonies, ou pour une expédition d'attaque sur un point quelconque;

3° Enfin, celles qui vont tenir garnison dans les colonies. (*Art.* 239.)

Troupes au compte du département de la guerre.

146. Les troupes qui appartiennent aux première et deuxième catégories énoncées en l'article précédent, reçoivent, à compter du jour de leur mise à bord, et des caisses de la marine, par les soins de ses agens, la solde et les masses auxquelles elles ont droit, mais seulement à titre d'avances rembour-sables par le département de la guerre. (*Art.* 240.)

Troupes au compte du département de la marine.

147. Les troupes embarquées pour aller tenir garnison aux colonies, sont à la charge du département de la marine, à compter du jour où elles débarquent dans les colonies. (*Art.* 241.)

Avances à faire par le département de la guerre.

Le jour de leur embarquement, elles ont droit aux avances ci-après déterminées, qui

leur sont faites sur les fonds du département
de la guerre ; savoir :

1° Celles qui sont destinées pour les établissemens d'Afrique en-deçà du cap de
Bonne-Espérance, un mois de solde et un
mois de masse d'entretien ;

2° Celles qui s'embarquent pour les colonies d'Amérique, deux mois de solde et
deux mois de masse d'entretien ;

3° Enfin, celles qui doivent se rendre
dans les colonies situées au-delà du cap de
Bonne-Espérance, trois mois de solde et
trois mois de masse d'entretien.

148. Si le départ des troupes embarquées
éprouve des retards, les avances sont renouvelées de manière qu'elles soient entières au
moment de la mise à la voile. (*Art.* 242.)

149 Lorsqu'après la mise à la voile, les
avances ne suffisent pas pour le temps de la
traversée, la marine fait payer le surplus à
charge de remboursement par le département de la guerre. Si ce surplus n'a point été
payé, et que les militaires débarqués dans les
colonies aient des réclamations à faire à cet
égard, ces réclamations doivent être adressées

aux agens de la marine, qui y font droit, s'il y a lieu. (*Art.* 243.)

150. Si les troupes arr'vent au lieu de leur destination avant l'expiration du temps pour lequel elles ont reçu les avances prescrites par l'article 241, la portion de ces avances qui excède le temps de la traversée est précomptée aux officiers sur leurs appointemens courans, et aux sous-officiers et soldats à raison du quart pour chacun des quatre mois qui suivent leur débarquement dans les colonies. Il est fait compte de ces reprises entre les deux ministères.

Il n'y a pas lieu à restitution pour les militaires décédés durant la traversée. (*Art.* 244.)

151. Les officiers, sous-officiers et soldats qui s'embarquent pour les colonies, n'ont droit ni aux indemnités de logement et de fourrage, ni à la masse de harnachement et ferrage, pour le temps de leur traversée. (*Art.* 245.)

Troupes revenant des colonies.

152. Les troupes revenant des colonies

continuent d'être à la charge de la marine jusqu'à ce qu'elles soient remises à la disposition du ministère de la guerre. Dans ce cas, elles rentrent au compte de ce dernier ministère, à dater du jour de leur débarquement. (*Art.* 246.)

Extension de ces mesures aux officiers sans troupe.

153. Toutes les dispositions ci-dessus prescrites pour les corps de troupe sont applicables aux officiers sans troupe et aux employés militaires qui se trouvent dans les mêmes positions. (*Art.* 247.)

TITRE III.
DES PRESTATIONS EN NATURE.

CHAPITRE Ier.
Des Subsistances et du Chauffage.

SECTION Ire.
Des Subsistances.

---

§ Ier. *Du Pain.*

A qui dû sur le pied de paix.

154. Le pain de munition est dû sur le pied de paix, à raison d'une ration par

homme et par jour, à tous les sous-officiers, soldats et enfans des corps de troupe de toutes les armes (la gendarmerie exceptée), tant en station qu'en route, lorsqu'ils marchent en corps ou en détachement (*Art.* 248.)

A qui dû sur le pied de guerre.

155. Le pain de munition est dû sur le pied de guerre aux officiers, sous-officiers et soldats présens aux corps de toutes les armes (sauf l'exception portée en l'article 251), ainsi qu'aux militaires sans troupe et employés militaires.

Le nombre de rations attribué à chaque officier ou employé est réglé par le tarif, suivant son arme, son grade et la nature de ses fonctions. (*Art.* 249.)

Militaires détenus.

156. Sur le pied de guerre, le pain est dû à tout militaire détenu ; sur le pied de paix, il n'est dû qu'aux sous-officiers et soldats. (*Art.* 250.)

Cas où le pain n'est pas dû.

157. Le pain n'est point dû aux hommes en congé, en semestre, en permission, en

garnisaires, à l'hôpital ou marchant isolément.

Il n'est pas dû non plus, en temps de guerre,
aux militaires nourris chez l'habitant. (*Art.*
251.)

158. Les officiers généraux et autres qui
ont autorisé les corps à envoyer des hommes
en garnisaires, sont tenus, sous leur responsabilité personnelle, d'en prévenir l'intendant militaire de la division ou du corps
d'armée. (*Art.* 252.)

Composition de la ration.

159. La composition et le poids de la ration
de pain sont determinés par l'ordonnance
sur les subsistances. (*Art.* 253.)

§ II. *Des Vivres de campagne.*

Dus généralement sur le pied de guerre.

160. Les vives de campagne sont dus aux
officiers de tous grades, aux sous-officiers et
soldats de toutes les armes, ainsi qu'aux employés et sous-employés militaires présens,
sur le pied de guerre, suivant les règles
prescrites pour l'allocation de la solde de
guerre. (*Art.* 255.)

161. La fourniture des vivres de campagne, pour les sous-officiers et soldats, est faite sur le pied d'une ration par homme et par jour; et pour les officiers et employés militaires, à raison du nombre de rations de subsistances déterminé par les tarifs pour chaque grade ou emploi. (*Art.* 256.)

Cas où ces vivres peuvent être alloués sur le pied de paix.

162. Sur le pied de paix, les vivres de campagne peuvent être accordés éventuellement en vertu de décisions spéciales, aux sous-officiers et soldats tenant garnison dans les forts ou îles en mer. Dans ce cas, la troupe n'a droit qu'à la solde avec vivres de campagne. (*Art.* 257.)

163. La fourniture des vivres de campagne accordée éventuellement dans l'intérieur du royaume, en vertu de l'article précédent, peut être suppléée par une indemnité en deniers représentative de la ration. Cette substitution n'a lieu que lorsqu'elle est autorisée par une décision spéciale du Ministre secrétaire d'Etat de la guerre. (*Art.* 258.)

Substitution d'une denrée à une autre.

164. Dans les distributions de vivres, une denrée ne peut être substituée à une autre sans un ordre spécial du Ministre secrétaire d'Etat de la guerre, ou, en cas d'urgence, du général commandant en chef, lequel doit concerter cette mesure avec l'intendant de l'armée ou de la division, et en rendre compte sur-le-champ au Ministre (1). (*Art.* 260.)

§ III. *Des Liquides.*

Distributions ; par qui autorisées.

165. Le droit aux distributions de liquides est acquis aux hommes de troupe présens sous les armes, lorsque des décisions du Ministre secrétaire d'Etat de la guerre, ou des ordres des généraux en chef commandant les armées, en ont prescrit la distribution.

Cependant, en cas d'urgence, l'intendant ou le sous-intendant militaire doit, sur

______

(1) Cette disposition est commune au service des fourrages.

l'invitation du général commandant une division territoriale, autoriser la distribution ; mais il est tenu d'en rendre compte immédiatement au Ministre secrétaire d'Etat de la guerre. (*Art.* 261.)

Distributions pour revues d'inspection.

166. Lorsqu'il y a lieu de faire des distributions extraordinaires de vin et d'eau-de-vie à l'occasion d'une inspection, le droit n'en est acquis qu'aux hommes présens à la revue, et en vertu des seuls ordres de l'inspecteur général, lequel, toutefois, ne peut autoriser qu'une distribution pour chaque corps dans le courant d'une même inspection. (*Art.* 262.)

Remplacement par une indemnité.

167. Lorsque, sur le pied de paix, les prestations en liquides ne sont point fournies en nature, elles sont représentées par les indemnités en argent mentionnées en l'art. 202, et calculées par homme et par jour.

Les enfans de troupe n'ont droit qu'à la distribution ou à l'indemnité représentative de vinaigre. (*Art.* 263.)

§ IV. *Des Fourrages.*

Règles générales d'allocation.

168. Les militaires autorisés à avoir des chevaux, et qui ne reçoivent pas l'indemnité représentative de fourrages, ont droit, dans toutes les positions, à des rations de fourrages dont la composition propre à chaque arme est déterminée suivant le cas de paix ou de guerre, de station ou de route, par l'ordonnance sur les subsistances. (*Art.* 264.)

169. Aucun militaire ne peut recevoir un nombre de rations de fourrages supérieur à celui attribué à son grade et à sa position sur le pied de paix ou sur le pied de guerre, ni à l'effectif de ses chevaux. (*Art.* 265.)

Cas où l'indemnité représentative peut être remplacée par les fourrages en nature.

170. Les officiers sans troupe ou des corps d'infanterie et les employés militaires auxquels l'indemnité de fourrages est attribuée, ne peuvent, à moins d'une décision spéciale du Ministre secrétaire d'Etat de la guerre, recevoir les fourrages en nature que lors-

qu'ils font partie d'une armée ou d'un rassemblement sur le pied de guerre. Ces rations leur sont allouées depuis le jour inclus où ils ont été mis sur le pied de guerre, jusqu'au jour exclus où ils rentrent sur le pied de paix. On suit pour cette allocation les règles tracées par l'article 44 pour la solde de guerre. (*Art.* 266.)

Officiers de cavalerie s'absentant de leurs corps avec leurs chevaux.

171. Les officiers des corps de cavalerie allant en mission, en congé ou aux eaux, et ceux qui sont nommés membres d'un conseil de guerre séant hors du lieu de leur garnison, cessent, lorsqu'ils emmènent leurs chevaux avec eux, d'avoir droit aux rations de fourrages des magasins militaires, à compter du jour de leur départ, jusqu'au jour inclus de leur retour. (*Art.* 267.)

Officiers de cavalerie changeant de position.

172. Les officiers des corps de cavalerie remis en activité ne peuvent jouir des rations de fourrages attribuées à leur grade, qu'à compter du lendemain de leur arrivée au corps ; il en est de même de ceux passant

d'un corps dans un autre. Ceux voyageant isolément ne peuvent pareillement recevoir les fourrages en nature pour le temps de leur route. (*Art.* 268.)

173. Les officiers promus, sans changer de corps, à un grade qui leur donne droit à un nombre de rations de fourrages supérieur à celui dont ils jouissaient auparavant, reçoivent pareillement les rations attribuées à leur nouveau grade ou à leur nouvel emploi, à compter du jour où ils en touchent la solde, pourvu qu'ils aient le nombre de chevaux déterminé pour ce grade ou cet emploi. (*Art.* 269.)

Officier de cavalerie détenu ou en jugement.

174. Tout officier en fonctions dans un corps de cavalerie, en jugement ou temporairement détenu, conserve ses droits aux rations de fourrages attribuées à son grade. Ces droits ne cessent que le jour où, pour une cause quelconque, il est rayé des contrôles du corps. (*Art.* 270.)

Epoque à laquelle les officiers doivent être pourvus du nombre de chevaux sur le pied de guerre.

175. Lorsque les corps de cavalerie sont

dans le cas de se rendre aux armées, le Ministre secrétaire d'Etat de la guerre fixe les époques où les officiers doivent être pourvus du nombre de chevaux sur le pied de guerre. Les fourrages, pour le nombre de ces chevaux, leur sont alloués, à dater du jour où ils ont exécuté ses ordres.

Les majors, les trésoriers et les officiers d'habillement, ne doivent se monter sur le pied de guerre, que lorsqu'ils reçoivent du Ministre secrétaire d'Etat de la guerre l'ordre de se rendre aux armées. (*Art.* 271.)

Fourrages sur le pied de guerre.

176. Les fourrages sur le pied de guerre sont alloués aux corps de cavalerie à dater du lendemain de leur arrivée aux armées ou rassemblemens sur le pied de guerre, jusqu'au jour exclus de leur départ de ces armées ou rassemblemens. (*Art.* 272.)

Chevaux laissés au dépôt par les officiers partant pour l'armée.

177. Les officiers de cavalerie partant pour l'armée peuvent, avec l'autorisation du commandant du corps, laisser au dépôt ceux de leurs chevaux qui sont jugés, par

les maréchaux vétérinaires , être incapables de se mettre en route. Ces chevaux ne peuvent toutefois y rester plus de trois mois après le départ des officiers ; et, s'ils sont rétablis avant l'expiration de ce terme , ils doivent leur être renvoyés avec le premier détachement qui se rend à l'armée. (*Article* 273.)

Fourrage sur le pied de route.

178. Les rations de fourrages sur le pied de route sont allouées à dater du jour du départ , jusqu'au jour inclus de l'arrivée à la destination. (*Art.* 274.)

Mise au vert des chevaux de cavalerie.

179. Le Ministre secrétaire d'Etat de la guerre détermine , chaque année, l'époque où les chevaux de cavalerie doivent être mis au vert ; ils sont passés en revue , à leur départ et à leur retour , par les sous-intendans militaires employés sur les lieux. (*Art.* 275.)

Chevaux de remonte.

180. Les chevaux de remonte ne commencent à participer aux distributions de

fourrages qu'à compter du jour de leur réception. (*Art.* 276.)

Officiers d'infanterie âgés de plus de 50 ans.

181. Les capitaines, lieutenans et sous-lieutenans d'infanterie, âgés de plus de cinquante ans, ont droit à une ration de fourrages pour un cheval, lorsqu'ils font partie d'une armée active. (*Art.* 277.)

SECTION II.

Du Chauffage.

A qui dû.

182. Sur le pied de paix, les sous-officiers et soldats des corps de troupes ont seuls droit aux rations de chauffage.

Elles ne peuvent être accordées en temps de guerre aux officiers généraux, supérieurs et autres, qu'en vertu d'une décision spéciale du général commandant en chef, concertée avec l'intendant en chef de l'armée. (*Article* 278.)

Journées de présence donnant droit au chauffage.

183. Les rations de chauffage sont allouées pour les journées de présence donnant droit

à la solde de garnison ou de campagne. Cependant, elles ne sont dues aux sous-officiers et soldats logés chez l'habitant qu'à compter de l'expiration du troisième jour de leur entrée dans la place ou le cantonnement, y compris le jour de l'arrivée.

Les militaires employés comme garnisaires n'y ont aucun droit.

Lorsque les troupes sont casernées le jour même de leur arrivée dans une place, elles ont droit au chauffage pour ce jour d'arrivée. (*Art.* 281.)

Composition des rations.

184. La quotité de la ration de chauffage et la nature des combustibles qui entrent dans sa composition, varient suivant les saisons et les lieux. Ces variations sont indiquées par l'ordonnance sur le chauffage. (*Art.* 282.)

SECTION III.

Disposition commune aux Fournitures des vivres, fourrages et chauffage.

Moins-perçus.

185. Les moins-perçus en vivres, four-

rages et chauffage, ne peuvent donner lieu à aucun rappel. (*Art.* 283.)

CHAPITRE II.

Du Logement.

Officiers sur le pied de guerre.

186. Sur le pied de guerre, le logement est dû aux officiers de tous grades et de toutes armes, ainsi qu'aux employés des administrations militaires. A défaut de bâtimens militaires, il y est pourvu par le soin des autorités locales. (*Art.* 285.)

Officiers sur le pied de paix.

187. Sur le pied de paix, tout officier en activité a droit au logement meublé. A défaut d'emplacement dans les bâtimens de l'Etat, ou de meubles dans ces mêmes bâtimens, il y est suppléé par les indemnités représentatives énoncées en l'article 182. (*Art.* 286.)

Militaires en route.

188. Les officiers, sous-officiers et soldats de toutes armes, marchant isolément ou avec leur corps, et généralement tous les

ndividus voyageant avec une feuille de
route, ont droit au logement fourni par les
autorités locales, avec éclairage pour les
officiers, et place au feu et à la chandelle
pour les hommes de troupe. (*Art.* 287.)

DEUXIÈME PARTIE.

DES RÈGLES A SUIVRE POUR LES PAIEMENS.

TITRE Ier.

DISPOSITIONS GÉNÉRALES RELATIVES AUX PAIEMENS.

CHAPITRE Ier.

Des Epoques des Paiemens.

SECTION Ire.

*De la Solde des officiers et de ses acces-
soires.*

Solde.

189. La solde des officiers sans troupe de
toutes classes, des officiers des corps de

troupes et des employés des administrations militaires, se paie par mois à terme échu. (*A t.* 293.)

Accessoires de solde.

190. Les indemnités de représentation, de logement et de fourrages, les frais de bureau et autres accessoires de solde inhérens aux positions respectives des officiers ou employés militaires, sont également payés par mois, à terme échu, et compris sur les mêmes états de paiemens que la solde. (*Article* 294.)

Délégations.

191. Les délégataires, autres que ceux des officiers employés dans les colonies, sont aussi payés par mois et à terme échu, des sommes qui leur ont été déléguées sur le vu du certificat constatant l'existence des délégans.

Cette disposition est applicable aux individus qui, conformément à l'article 109, auraient été autorisés à recevoir des secours sur la solde de captivité des officiers et des employés militaires prisonniers de guerre. (*Art.* 295.)

Section II.

De la Solde des sous-employés des administrations.

Sous-employés des administrations.

192. Les sous-employés des hôpitaux et des autres services administratifs, les agens et surveillans des ateliers de condamnés au boulet, sont payés de leur solde tous les mois, à terme échu, sur des états nominatifs. (*Art.* 300.)

CHAPITRE II.

Du Décompte des diverses allocations.

Portions de traitement à décompter par mois.

193. La solde et les accessoires de la solde des officiers, autres que les indemnités de logement, vivres et fourrages se décomptent par mois, à raison de la 12ᵉ partie de la fixation annuelle, et par jour à raison de la 360ᵉ partie de la même fixation.

Les journées à ajouter au mois de février pour compléter le nombre de trente se décomptent sur le pied de la solde fixée pour la position dans laquelle se trouve l'officier au dernier jour de ce mois. (*Art.* 302.)

Idem par quinzaine.

194. Les indemnités de logement et d'ameublement se décomptent par quinzaine, conformément aux dispositions de l'article 188.

Les quinzaines de logement se comptent du 1er au 15, et du 16 au dernier jour de chaque mois. (*Art.* 303.)

Idem par journée.

195. Les indemnités de vivres et de fourrages se décomptent à raison du nombre effectif de journées dans lequel elles sont dues. (*Art.* 304.)

CHAPITRE III.

Du Mode des Paiemens.

Section Ire.

Des États de paiement.

Par qui ordonnancés.

196. Tous les états de paiement à acquitter par les payeurs de la guerre, en vertu

des dispositions de la présente ordonnance, sont ordonnancés par les intendans et sous-intendans militaires.

Cependant, si une troupe en passage, ou devant partir inopinément, avait une somme à recevoir pour solde de route, et qu'il ne se trouvât sur les lieux ni sous-intendant ni intendant militaire, dans ce cas seulement les commandans de place, et, à leur défaut, les préfets et sous-préfets pourront ordonnancer les états de paiement, à la charge par eux d'adresser de suite une expédition de ces états à l'intendant militaire de la division, qui fait régulariser la dépense. (*Art.* 307.)

Mandats individuels pour les officiers sans troupe.

197. Les officiers sans troupe et employés militaires sont payés de leur solde et accessoires sur des mandats individuels. (*Art.* 308.)

Etats collectifs pour les officiers de corps.

198. Les officiers des corps de troupe sont compris, pour le paiement des différentes allocations auxquelles ils ont droit, sur des

états collectifs établis au titre de leur corps. (*Art.* 309.)

Etats individuels pour les délégataires.

199. Les délégataires, autres que ceux des officiers tenant garnison dans les colonies, et les individus auxquels il a été accordé des secours sur la solde de captivité des prisonniers de guerre, sont payés sur des mandats individuels. Ces mandats sont établis au titre de la classe dont le délégant ou le prisonnier fait partie, s'il est officier sans troupe ou employé militaire, et au nom du corps auquel il appartient, s'il est officier de troupe. (*Art.* 310.)

Etats de paiement ; par qui quittancés.

200. Les mandats de paiement délivrés aux militaires sans troupe, aux employés militaires et aux individus désignés en l'article 317, sont quittancés par eux.

Ceux délivrés aux corps ou portions de corps sont quittancés par tous les membres du conseil d'administration.

Les mandats de paiement délivrés aux portions de corps n'ayant point de conseil d'administration , sont quittancés par l'officier qui les commande. (*Art.* 314.)

SECTION II.

Des Livrets de solde.

---

§. Ier. *De l'usage des livrets.*

Etablissement des livrets.

201. Les militaires sans troupe , les corps de troupe et les détachemens autorisés à percevoir directement leur solde à la caisse des payeurs , doivent être pourvus de livrets de paiement.

Pour les militaires sans troupe , les livrets sont individuels, et pour les corps de troupe et détachemens, ils sont collectifs. (*Art.* 315.)

Leur destination.

202. Ces livrets sont destinés à recevoir l'inscription de toutes les sommes payées pour solde, indemnités et autres prestations en deniers de toute espèce. (*Art.* 316.)

Livrets des délégataires.

203. Les délégataires des militaires sans

troupe, des employés militaires, des officiers de troupe, dans les cas prévus par l'article 55 de la présente ordonnance, et les individus qui, conformément à l'article 109, ont été autorisés à recevoir des secours sur la solde des lits militaires, reçoivent pareillement des livrets pour servir à l'inscription des sommes qu'ils touchent des payeurs de la guerre.

Ces livrets font mention desdits ordres ou délégations, des noms et résidences des délégataires, et des noms, grades, emplois et résidences des délégans. (*Art.* 317.)

Fourniture des livrets.

204. Les livrets sont fournis gratuitement, par le Ministre de la guerre, et délivrés au commencement de chaque année, par les soins des intendans et sous-intendans militaires, aux officiers sans troupe et employés militaires de leurs arrondissemens.

Les corps et les détachemens s'administrant eux-mêmes, se procurent à leurs frais les livrets qui leur sont nécessaires. (*Art.* 318.)

Forme des livrets.

205. Les livrets portent en tête l'indication de l'année pour laquelle ils doivent servir. On y indique en outre :

Pour les militaires sans troupe, l'arme ou le corps spécial auquel ces militaires appartiennent, leurs noms, prénoms, grades, classe, fonctions et résidence ;

Pour les corps de troupe, l'arme dont ils font partie, leur dénomination ou numéro, les noms des militaires commandant, soit les corps entiers, soit les détachemens : plus, les noms et grades des comptables autorisés à percevoir les fonds des caisses du trésor. (*Art.* 319.)

Conditions prescrites pour leur validité.

206. L'intendant ou le sous-intendant militaire qui délivre un livret, après en avoir coté et paraphé tous les feuillets, y appose sa signature et son cachet ; le livret est ensuite signé par la partie prenante, s'il s'agit d'un militaire sans troupe, et s'il s'agit d'un corps ou d'un détachement, par les membres du conseil d'administration principal

7

ou éventuel, ou par l'officier commandant, suivant le cas. (*Art.* 320.)

Unité du livret pour chaque corps.

207. Il n'y a qu'un seul livret de paiement pour toutes les parties d'un corps qui se trouve dans le même département. (*Art.* 321.)

Cas où il est dérogé à ce principe

Mais lorsqu'un détachement se sépare de son corps pour aller dans un autre département, il lui est délivré, avant son départ, un livret en tête duquel le conseil d'administration inscrit et signe l'autorisation audit détachement d'en tenir l'administration, et de toucher des payeurs de la guerre toutes les sommes qui peuvent lui revenir. Ce livret est signé en tête par le chef dudit détachement, coté et paraphé par le sous-intendant militaire ayant l'inspection du corps.

208. Les dispositions de l'article précédent sont applicables au cas de subdivision de tout détachement s'administrant lui-même. *Art.* 322.)

Militaire autorisé à toucher isolément sa solde sans livret.

209. Lorsqu'un militaire appartenant à un corps, et absent de ce corps par congé, mission, etc., a été autorisé à toucher sa solde isolément, la pièce en vertu de laquelle il s'est absenté, est considérée comme livret de solde, et le payeur est tenu d'y inscrire tous les paiemens qu'il lui fait. (*Art.* 323.)

Changement de destination d'un officier sans troupe ou d'un corps.

210. Lorsqu'un militaire sans troupe, un employé militaire, un corps ou un détachement s'administrant lui-même, doit passer de l'arrondissement d'un sous-intendant militaire dans un autre arrondissement, il est tenu, avant son départ, de faire arrêter son livret de paiement par le sous-intendant; et s'il est dans le cas de subir des retenues pour sommes dues au trésor royal, pour les causes exprimées aux articles 435 et 436 de la présente ordonnance, le sous-intendant fait dans son arrêté, et sous sa responsabilité personnelle,

mention de l'ordre de retenue et de la somme restant à recouvrer. (*Art.* 324.)

§ II. *Du Renouvellement des Livrets.*

Epoque du renouvellement et destination à donner aux anciens livrets.

211. Les livrets des militaires sans troupe et employés militaires, et ceux des corps et détachemens, sont renouvelés tous les ans. Ceux des militaires sans troupe et employés militaires, sont retirés par les intendans et sous-intendans, et conservés dans leurs archives pendant deux ans ; après quoi ils sont détruits.

Ceux des corps et des détachemens restent dans les archives des dépôts, comme pièces comptables, pour être représentés lors des vérifications de comptabilité.

Les livrets des détachemens s'administrant eux-mêmes, sont renouvelés sans le concours des conseils d'administration des corps. (*Art.* 325.)

Annotations à porter sur les nouveaux livrets.

212. Lors du renouvellement annuel des livrets de paiement des militaires sans

troupe, les intendans et sous-intendans militaires indiquent sur les nouveaux livrets, les sommes qui restent dues par suite de droits acquis et constatés; ils y indiquent également les retenues qui peuvent avoir été ordonnées sur la solde des parties prenantes et qui ne sont pas encore entièrement effectuées. (*Art.* 326.)

§ III. *Du Cas de perte d'un Livret.*

Livret perdu par un officier sans troupe.

213. Lorsqu'un officier sans troupe ou un employé militaire a perdu son livret, il en fait la déclaration par écrit au sous-intendant, et affirme sur l'honneur, qu'il ne l'a point engagé entre les mains d'un tiers, et que la perte est réelle. Il est tenu, en outre, de produire un certificat du payeur, constatant le dernier paiement qui lui a été fait. (*Art.* 327.)

214. D'après la déclaration, et sur la remise du certificat mentionné ci-dessus, le sous-intendant est autorisé à délivrer un nouveau livret par *duplicata,* mais il doit préalablement y faire inscrire et signer en

sa présence ladite déclaration par le militaire qui réclame le remplacement du livret perdu. (*Art.* 328.)

Livret perdu par un corps de troupe ou un détachement.

215. En cas de perte du livret d'un corps de troupe ou d'une portion de corps s'administrant elle-même, il en est délivré un *duplicata* sur la déclaration du conseil d'administration ou du commandant, attestant la réalité de sa perte. Cette déclaration est inscrite en tête du *duplicata*. (*Art.* 329.)

Précautions à prendre pour éviter les doubles emplois.

216. Dans les cas prévus par les articles qui précèdent, le livret délivré en remplacement du livret perdu, doit porter la mention sommaire des sommes précédemment payées à la partie prenante, ou au moins l'indication de l'époque jusqu'à laquelle cette partie prenante a été payée.

Aucun paiement pour sommes acquises par un militaire sans troupe antérieurement au premier jour du mois dans lequel la perte a eu lieu, ne peut être ordonnancé que d'après une autorisation spéciale du Ministre secrétaire d'Etat de la guerre, provoquée par l'intendant militaire, sur le rapport du sous-intendant. (*Art.* 330.)

Cas de fausse déclaration de perte d'un livret.

217. Tout militaire ou employé militaire, convaincu d'avoir fait une fausse déclaration de perte de livret, est privé de son emploi, sans préjudice des autres peines qu'il a pu encourir, s'il a profité de cette déclaration pour se faire payer des sommes qui ne lui étaient pas dues. (*Art.* 331.)

Officiers rentrant des prisons de l'ennemi.

218. Lorsqu'un militaire sans troupe, rentrant des prisons de l'ennemi, a perdu son livret de paiement, il lui en est délivré un nouveau dans la résidence la plus voisine des frontières, par le sous-intendant appelé à ordonnancer le paiement, qui doit être fait conformément à l'article 101.

Il est pareillement délivré un livret à tout officier de troupe rentrant des prisons de l'ennemi, pour servir à l'enregistrement des sommes qui lui seront payées individuellement, jusqu'à la réception de nouvelles lettres de service dans un corps de troupe. (*Art.* 332.)

Section III.

Du Paiement des Mandats.

Par qui payés.

219. Tout état de paiement, soit individuel, soit collectif, n'est payable qu'à la caisse du payeur sur lequel le mandat est tiré. (*Art.* 333.)

Payés à vue.

220. Les états ou mandats de paiement ordonnancés par l'intendant militaire de la division ou le sous-intendant militaire de l'arrondissement, soit pour des militaires sans troupe, soit pour des corps de troupe, sont payés à vue par le payeur sur les fonds qui lui ont été faits pour cette dépense. (*Art.* 334.)

Cas de refus de paiement.

221. Si un payeur refuse le paiement d'un mandat délivré dans l'un des cas prévus par la présente ordonnance, pour cause d'o-

mission ou d'irrégularité, l'intendant ou le sous-intendant signataire de ce mandat peut requérir, par écrit et sous sa responsabilité, qu'il soit passé outre au paiement, et le payeur est tenu de déférer à cette réquisition.

Dans ce cas, l'ordonnateur de la dépense rend compte immédiatement au Ministre secrétaire d'Etat de la guerre des circonstances et des motifs qui ont nécessité l'application de cette mesure. (*Art.* 335.)

SECTION IV.

Des Rappels.

Rappels sur l'exercice courant.

222. Les rappels appartenant à l'exercice courant, tant pour les militaires sans troupe que pour les corps de troupe, sont ordonnancés en même temps que la solde courante, et compris sur les mêmes mandats. (*Art.* 336.)

Rappels sur un exercice expiré.

223. Les rappels de solde, accessoires de solde et masse d'entretien, portant sur un exercice expiré, sont considérés comme appartenant au trimestre pour lequel a été

établie la revue qui en constate le droit ; en conséquence, ils sont également ordonnancés sur les fonds de l'exercice courant , et compris sur les mêmes mandats que la solde courante. (*Art.* 337.)

Cas où les paiemens d'un exercice ont été suspendus.

224. Lorsque, dans le cours d'un exercice, le paiement de la solde et des masses d'entretien a été suspendu , les sommes qui restent à payer sur ces dépenses, après l'expiration de cet exercice , ne peuvent être acquittées que sur des crédits spéciaux et sur des états ou mandats au titre dudit exercice. (*Art.* 338.)

TITRE II.

DU PAIEMENT DES MILITAIRES SANS TROUPE.

CHAPITRE Ier.
Du Classement.

Division en treize classes.

225. Les officiers sans troupe et les employés militaires sont rangés, pour l'or-

dre de la comptabilité, en treize classes.

Première Classe.

Les maréchaux de France, les officiers généraux, les inspecteurs généraux d'armes, les officiers supérieurs et autres du corps royal d'état-major, et les secrétaires archivistes des divisions militaires.

Deuxième Classe.

Les intendans, sous-intendans militaires et sous-intendans adjoints.

Troisième Classe.

Les officiers des états-majors de place, les secrétaires archivistes et les portiers-consignes des places de guerre.

Quatrième Classe.

Les officiers de l'état-major particulier de l'artillerie, jusqu'au grade de colonel inclusivement ; les gardes et employés d'artillerie ; les officiers d'état-major du train d'artillerie, et les officiers d'état-major des compagnies de canonniers garde-côtes.

Cinquième Classe.

Les officiers de l'état-major particulier du

génie, jusqu'au grade de colonel inclusivement ; les gardes et employés de cette arme.

Sixième Classe.

Le corps des ingénieurs-géographes, depuis les élèves sous-lieutenans jusqu'au
grade de colonel inclusivement.

Septième Classe.

Les officiers de l'état-major et des parcs
des équipages militaires,

Huitième Classe.

Les officiers en congé illimité et des cadres de remplacement.

Neuvième Classe.

Les officiers de santé des hôpitaux et des
ambulances.

Dixième Classe.

Les employés des hôpitaux.

Onzième Classe.

Les employés de l'habillement et du cam-
pement.

Douzième Classe.

Les employés des subsistances militaires ,

des fourrages et du chauffage , en les divisant par nature de service.

Treizième Classe.

Les employés des équipages militaires. (*Art.* 339.)

226. Les officiers jouissant du traitement de disponibilité doivent être compris sur les états de leurs classes respectives. (*Art.* 340.)

Officiers détachés de leurs corps.

227. Les officiers de l'artillerie et du génie appartenant à des corps, et détachés dans des places ou des établissemens militaires , ne sont pas compris sur les états des quatrième et cinquième classes ; il est fait pour eux des états séparés au titre de leurs corps respectifs. (*Art.* 341.)

228. Les officiers employés près les dépôts de recrutement ne sont compris sur les états de paiement des officiers sans troupe que dans le cas où ils appartiennent à l'une des classes énoncées en l'art. 339 ; autrement , ils doivent toujours être payés au titre des corps dont ils font partie. (*Art.* 342.)

CHAPITRE II.

De la Formation des États de paiement.

SECTION Ire.

Établissement des États généraux et individuels.

États de mutations établis par classe.

229. Le dernier jour de chaque mois, les chefs des première, troisième, quatrième, cinquième, sixième, septième, neuvième, dixième, onzième, douzième et treizième classes, dans chaque arrondissement ou dans chaque corps d'armée, forment, en simple expédition, un état nominatif des officiers ou employés de leurs classes, contenant leurs noms, grades, résidences et mutations. Ces états sont conformes au modèle n° 13. Ils sont certifiés par les chefs des classes respectives, et adressés dans le jour à l'intendant divisionnaire ou au sous-intendant militaire, suivant les cas prévus par l'article 453. (*Art.* 343.)

230. Les états nominatifs des officiers appartenant à la huitième classe doivent être

établis par les sous- préfets ou par les maires, qui les adressent le dernier jour de chaque mois, à l'intendant ou au sous-intendant chargé de la tenue des contrôles. (*Art.* 344.)

231. Les délégataires des officiers sans troupe et des employés militaires payables sur les fonds du département de la guerre, et les personnes autorisées à recevoir des se- cours sur la solde des prisonniers de guerre, ne sont pas compris dans ces états ; il en est établi pour eux de particuliers, mais toujours au titre de la classe à laquelle appartient le délégant ou le prisonnier. (*Art.* 345.)

Mandats individuels de paiement.

232. Aussitôt que l'intendant ou le sous-intendant a reçu les états mentionnés en l'article précédent, il en vérifie l'exactitude sur ses contrôles et sur les pièces qui lui sont communiquées par les chefs de classe ou les parties intéressées ; il établit ensuite, pour chaque individu, un mandat de paiement, portant décompte des sommes à lui payer pour le mois expiré ; il fait un pareil man- dat pour chacun des individus composant la deuxième classe, et pour chacun des déléga-

taires ou individus autorisés à recevoir des secours sur la solde des officiers sans troupe et employés militaires. (*Art.* 346.)

SECTION II.

Des pièces à remettre aux chefs de la classe et au Payeur.

Destination à donner aux mandats individuels de paiement.

233. Le 2 du mois, l'intendant ou le sous-intendant militaire envoie aux chefs des première, troisième, quatrième, cinquième, sixième, septième, neuvième, dixième, onzième, douzième et treizième classes, tous les mandats de paiement individuels concernant les officiers ou employés militaires de ces classes.

Il accompagne chaque envoi d'un bordereau qui lui est renvoyé revêtu d'un récépissé du chef de classe. (*Art.* 347.)

234. Chaque chef de classe remet aux parties prenantes les mandats individuels de paiement qui lui ont été adressés en vertu de l'article précédent.

Quant aux mandats de paiement pour les

officiers appartenant à la deuxième classe ; et pour les délégataires et les individus autorisés à recevoir des secours sur la solde des officiers sans troupe et des employés militaires, l'intendant ou le sous-intendant leur en fait directement l'envoi. (*Art.* 348.)

235. Les mandats individuels de paiement pour les officiers de la huitième classe sont adressés par l'intendant ou le sous-intendant qui les a établis, aux sous-préfets ou aux maires qui lui ont transmis les états nominatifs.

Ces derniers renvoient les bordereaux revêtus de leur récépissé et remettent les mandats individuels aux parties intéressées. (*Art.* 349.)

Bordereaux à adresser au payeur.

236. L'intendant ou le sous-intendant militaire adresse au payeur un bordereau pour chaque classe, destiné à lui faire connaître les paiemens à effectuer.

SECTION III.

Des mandats de paiement non acquittés.

Délai fixé pour le paiement des mandats individuels.

237. Les mandats individuels de paie-

ment sont payables pendant les deux mois de leur date, à la caisse du payeur sur lequel ils ont été tirés.

Passé ce délai, les officiers sans troupe, les délégataires et les employés militaires qui ont négligé de recevoir leur solde, ne peuvent en obtenir le paiement, et ce, sous la responsabilité du payeur, qu'en se présentant de nouveau chez l'intendant ou le sous-intendant, auquel ils rendent les mandats de paiement. Ce fonctionnaire les annulle, et en comprend le montant par rappel sur la première revue. (*Art.* 351.)

Mode à suivre pour constater le non-paiement des mandats.

238. Pour constater les paiemens effectués, le payeur remet à l'intendant ou au sous-intendant militaire, dans les cinq premiers jours du mois qui suit le délai fixé par l'article précédent, une note indiquant les noms des officiers qui ne se sont point présentés pour toucher le montant de leurs mandats individuels, et les sommes qui devaient leur être payées. Il est établi une semblable note pour chaque classe séparément.

Si tous les officiers d'une même classe ont été payés, la note prescrite ci-dessus n'en doit pas moins être remise, mais elle est négative. (*Art.* 352.)

CHAPITRE III.

Positions particulières.

SECTION Ire.

Changement de destination.

Officier passant d'une division ou d'une armée dans une autre.

239. Lorsqu'un officier sans troupe ou un employé militaire passe, avant l'expiration d'un mois, d'une division ou d'une armée à une autre, il lui est délivré, avant son départ, et sur l'exhibition de son nouvel ordre de service, un mandat individuel de paiement, qui comprend tout ce qui lui est dû pour solde et accessoires de solde jusqu'au jour exclus de son départ. (*Art.* 353.)

240. Cependant, si un officier sans troupe ou un employé militaire n'a pu demander son mandat ni faire arrêter son livret, l'intendant de la division ou le sous-intendant de l'arrondissement qu'il a quitté, envoie, sur

sa réclamation, un certificat de non-paiement à l'intendant de la division ou au sous-intendant de l'arrondissement où il est passé. (*Art.* 354.)

Officiers quittant le service.

241. Les dispositions des deux articles précédens sont applicables à tout officier sans troupe ou employé militaire passant de l'activité à la disponibilité, à la réforme ou à la retraite. (*Art.* 355.)

Cas où un officier est parti sans faire acquitter son mandat.

242. Si un officier sans troupe ou un employé militaire part d'un département ou d'une armée sans avoir reçu le montant du mandat de paiement qui lui a été délivré avant son départ, il ne peut en être payé que par rappel sur la première revue, dans la division ou dans le corps d'armée où il doit être employé en vertu des lettres de service qu'il a reçues. Ce rappel est fait sur l'exhibition du livret de solde et du mandat individuel de paiement, qui est annulé et annexé à la revue comme certificat de non-paiement. (*Art.* 356.)

Section II.

De la perte d'un Mandat de paiement.

Officier ne changeant pas de résidence.

243. Tout militaire sans troupe qui a perdu un mandat individuel de paiement, ne peut en obtenir un *duplicata* que du fonctionnaire qui a délivré ce mandat ; et, pour l'obtenir, il doit représenter un certificat du payeur sur la caisse duquel il était tiré, constatant le non-paiement du *prima ta* et portant l'engagement de ne point l'acquitter. (*Art.* 357.)

Officier passant dans un autre arrondissement.

244. Si la perte est faite par un officier sans troupe ou un employé militaire passant dans l'arrondissement d'un autre intendant ou sous-intendant, le rappel de la solde ne peut avoir lieu que sur un certificat de non-paiement délivré par le payeur qui aurait dû acquitter le *primata*, et visé par l'intendant ou le sous-intendant qui l'avait expédié. (*Art.* 358.)

SECTION III.

Des rappels de Solde de captivité.

Inscription des paiemens sur la feuille de route des prisonniers rentrés.

245. Lorsqu'un officier sans troupe ou un employé militaire rentre des prisons de l'ennemi, l'intendant ou le sous-intendant qui délivre le mandat du paiement auquel il a droit, conformément à l'article 101, et le payeur qui l'acquitte, sont tenus, sous leur responsabilité personnelle, d'en faire l'inscription sur le livret de l'officier ou employé.

Ces militaires sont compris sur les revues de leurs classes respectives, tant pour ce paiement que pour ceux qui leur seraient faits ultérieurement à titre de solde de captivité. (*Art.* 359.)

246. Quant aux officiers sans troupe et employés militaires qui ont été embarqués pour aller tenir garnison dans les colonies, et qui ont été faits prisonniers de guerre, soit en mer, soit aux colonies, le rappel de leur solde de captivité leur est fait suivant

les formes prescrites par les articles 419 et 420. (*Art.* 360.)

TITRE III.

DU PAIEMENT DES CORPS DE TROUPE ET DÉTACHEMENS.

CHAPITRE Ier.

Solde.

SECTION Ire.

Formation des États.

Etats de paiement par corps et par département.

247. Il n'est fait qu'un seul état de paiement pour toutes les parties d'un corps stationnées dans le même département.

Il en est de même aux armées pour toutes les portions du même corps qui sont sous les ordres du même lieutenant-général ou dans l'arrondissement du même payeur. (*Art.* 361.)

248. Les états de paiement de solde et accessoires portent toujours l'annotation du département ou de l'armée, où ils doivent

être acquittés, et de la revue sur laquelle ils doivent être imputés. (*Art.* 362.)

Etablis en double expédition.

249. Les états de paiement pour la solde et ses accessoires sont toujours établis en double expédition, dont une portant quittance, et l'autre, déclaration de quitance. (*Art.* 363.)

Cas où il en doit être fait une troisième expédition.

250. Lorsqu'un militaire détaché ou isolé de son corps a été autorisé à toucher séparément sa solde dans le lieu de sa résidence, le sous-intendant qui a ordonné l'état de paiement en fait une troisième expédition, et l'envoie, comme état de mutation, au sous-intendant ayant l'inspection du dépôt du corps. (*Art.* 364.)

251. La disposition prescrite par l'article précédent est également applicable,

1° Aux officiers, sous-officiers et soldats des corps de troupe, rentrant des prisons de l'ennemi, pour les sommes qui leur sont payées, tant sur la frontière que dans leurs foyers, à titre de secours, d'avance ou de solde de captivité ;

2° Aux officiers de troupe détenus et autorisés par l'article 96 à percevoir le tiers de leur solde pendant le temps de leur détention ;

3° Aux délégataires des officiers des corps de troupe, et aux individus autorisés, conformément aux articles 55 et 109, à recevoir des secours sur la solde de ces officiers. (*Article* 365.)

Etats de paiement à établir par anticipation.

252. Si un corps de troupe change de garnison dans la dernière quinzaine d'un mois, il peut être dressé un état pour le paiement de la solde due aux officiers jusqu'au jour du départ exclusivement. (*Article* 366.)

253. Si un corps, en se mettant en route, reçoit l'ordre de suivre une direction sur laquelle il ne doit pas rencontrer de résidence de sous-intendant avant l'expiration de la quinzaine, il peut établir, par anticipation, un état de paiement pour la solde de la troupe pendant la quinzaine suivante. (*Art.* 367.)

Détachemens de recrues.

254. Lorsque des détachemens de recrues partent pour rejoindre les corps auxquels ils sont destinés, leur solde doit être payée du jour de leur départ, sur les états établis au nom de ces corps. (*Art.* 368.)

Corps provisoires.

255. Lorsque des détachemens appartenant à divers corps sont réunis en corps provisoires, leurs états de paiement sont établis au nom des corps auxquels ils appartiennent.

S'il existe dans ces corps provisoires des militaires n'appartenant à aucun corps, il est établi pour eux des états de paiement particuliers au nom desdits corps provisoires. (*Art.* 369.)

SECTION II.

Passage à une Solde différente.

Augmentation ou diminution qui en résulte.

256. Si, après le paiement de la solde d'une quinzaine, un corps ou détachement passe d'une solde inférieure à une solde su-

périeure, *et vice versâ*, il est fait, suivant le cas, sur le plus prochain état de paiement, augmentation ou diminution du trop ou du moins perçu résultant de ce changement de position.

Mais si, dans le cas de passage d'une solde inférieure à une solde supérieure, le corps ou le détachement n'a pas assez de fonds pour faire les avances de solde, l'augmentation de solde lui est payée immédiatement sur un état supplémentaire. (*Art.* 375.)

Coupure des états de paiement au passage de la frontière.

257. Lorsqu'un corps entier ou un détachement se rend de l'intérieur à une armée hors du royaume, ou de cette armée dans l'intérieur, ou lorsqu'il passe d'une armée à une autre, il est fait une coupure dans ses états de paiement au passage des frontières, à moins qu'il n'en soit autrement ordonné par le Ministre secrétaire d'Etat de la guerre. (*Art.* 376.)

Section III.

De la Solde de captivité.

Officiers rentrant des prisons de l'ennemi.

258. Les dispositions de l'article 309 sont applicables aux officiers de troupe rentrant des prisons de l'ennemi en vertu d'un cartel d'échange, pourvu qu'ils ne soient pas dans le cas déterminé par l'article 360. Les états de paiement à établir dans ce cas en leur faveur, au moment de leur rentrée, sont faits au titre de leur corps.

Si les sommes payées à leur rentrée ne suffisent pas pour acquitter la solde de captivité à laquelle ils ont droit, ils ne peuvent recevoir le surplus qu'après leur arrivée dans leurs foyers ou à leur corps. (*Art.* 377.)

259. Quant aux officiers des corps de troupe qui sont dans le cas prévu par l'article 360, les paiemens à leur faire pour la solde de captivité sont effectués suivant les dispositions prescrites par les articles 419 et 420. (*Art.* 378.)

260. Les deux mois de solde à allouer aux sous-employés rentrant des prisons de

l'ennemis, ont payés sur état nominatif indiquant le service auquel ils appartiennent, et compris sur les revues de liquidation des employés du même service.

Le sous-intendant qui ordonnance l'état de paiement, et le payeur qui l'acquitte, doivent, sous leur responsabilité personnelle, en faire l'inscription sur la feuille de route du sous-employé rentrant isolément. (*Art.* 379.)

CHAPITRE II.

Des Cas où le paiement de la Solde et des Masses payables sur les fonds de la Solde est suspendu.

Etats à établir lors de l'ouverture des paiemens.

261. Dans le cas où la solde et les autres prestations payables comme la solde n'auraient pu, par l'effet d'une mesure générale, être acquittées aux époques fixées par la présente ordonnance, les états de paiement ne seront établis que lorsque ce paiement pourra être fait. (*Art.* 405.)

Feuilles de journées spéciales.

262. Lors de l'ouverture des paiemens

d'une ou de plusieurs quinzaines d'un même trimestre, les conseils d'administration font établir des feuilles de journées pour le petit état-major et pour les sous-officiers et soldats des compagnies.

Ces feuilles présentent les numéros du contrôle annuel, les noms et grades de tous les hommes de chaque compagnie, leurs mutations et mouvemens pendant le temps pour lequel la solde doit être payée, le nombre de journées et le décompte en deniers des sommes revenant aux présens seulement. Les hommes absens n'y sont portés que pour mémoire, et pour faciliter les vérifications lorsqu'ils rentrent.

Les feuilles de journées, certifiées par les commandans des compagnies et par le trésorier pour ce qui concerne le petit état-major, sont vérifiées par le major ou l'officier chargé à son défaut de la tenue des contrôles.

Le conseil d'administration établit pour le paiement un état auquel il joint les feuilles de journées, que le sous-intendant conserve, pour les annexer à l'état portant déclaration de quittance, dont l'envoi doit

lui être fait conformément à l'article 581.
(*Art.* 406.)

Hommes rentrant au corps après le paiement.

263. Les hommes qui rentrent au corps avant que toutes les quinzaines d'un même trimestre aient été payées, sont rappelés de ce qui peut leur être dû pour ce trimestre, sur les feuilles de journées qui sont dressées pour le paiement de la première des quinzaines restant à acquitter.

Si les hommes ne rentrent qu'après le paiement de la dernière quinzaine d'un trimestre, on établit à leur profit des états nominatifs supplémentaires de paiement pour tout ce qui leur est dû sur ce trimestre. (*Art.* 407.)

Etats de paiement des officiers.

264. Les états de solde et accessoires de solde des officiers ne sont également établis que lorsque les paiemens ont été ouverts ; les absens n'y figurent que pour mémoire.

On comprend dans un même état nominatif de paiement, si les ordres pour l'acquittement de l'arriéré le permettent, la solde qui peut être due pour toutes les journées d'un même trimestre. (*Art.* 408.)

265. Lorsque des officiers qui ont été portés pour mémoire sur les états de paiement, rentrent à leurs corps, on les comprend sur le plus prochain état de paiement des mois restant à acquitter sur un même trimestre, avec rappel de ce qui peut être dû sur ce trimestre.

Dans le cas où leur rentrée n'aurait lieu qu'après le paiement du dernier mois d'un trimestre, on ferait en leur faveur un état supplémentaire pour tout ce qui leur serait dû sur ce trimestre. (*Art.* 409.)

Etats distincts par trimestre.

266. On ne peut, dans aucun cas, porter dans un même état de paiement des sommes qui ont été comprises dans les revues des deux trimestres. (*Art.* 410.)

Militaires ayant quitté leur corps; comment payés.

267. Les officiers, sous-officiers et soldats quittant définitivement un corps pour une cause quelconque, reçoivent des certificats de non-paiement, qui font connaître ce qui

leur est dû pour solde et accessoires par trimestre et par exercice.

Ces états sont établis par les conseils d'administration des corps, et arrêtés par les sous-intendans militaires chargés de l'inspection de ces corps.

Lorsque ces militaires sont arrivés à leur nouvelle destination, ils y sont payés, si l'acquittement de l'arriéré est autorisé, sur des états séparés pour chaque trimestre, établis au nom du corps.

Le certificat de non-paiement est annexé à la déclaration de quittance du dernier état de paiement, pour être envoyé, conformément aux dispositions de l'article 582, au sous-intendant du département où se trouve le dépôt de leur corps. (*Art.* 411.)

Sommes dues aux officiers décédés.

267. On se conforme pour le paiement des sommes dues pour solde arriérée et accessoires de solde aux héritiers des officiers décédés, à ce qui est prescrit par l'article précédent. (*Art.* 412.)

Indemnité de vivres non sujette à rappel.

268. Il n'y a pas lieu au rappel de l'in-

demnité en remplacement de vivres, lorsque le paiement en a été suspendu. (*Art.*
414.)

CHAPITRE V.

Des Troupes embarquées et de celles le-
vées pour la Marine.

Paiemens à ordonnancer par les sous-intendans
militaires.

269. Les détachemens mis à la disposition
de la marine, quelle que soit celle des trois
catégories énoncées dans l'article 239, à laquelle ils appartiennent, continuent à être
soldés par les soins des intendans militaires,
et sur les fonds du département de la guerre,
jusqu'au jour exclus de leur embarquement.
(*Art.* 415.)

Paiemens à faire par le payeur de la marine au
compte de la guerre.

270. Les états de paiement à établir dans
les cas prévus par l'article 240, sont dressés
en double expédition, dont l'une portant
quittance, et l'autre déclaration de quittance. Les deux expéditions sont remises
par le payeur de la marine qui en a acquitté

le montant au payeur de la guerre dans le département de sa résidence. Celui-ci lui en rembourse le montant, s'en porte en dépense, et donne aux déclarations de quittances la destination prescrite par les articles 578 et 581. (*Art.* 416.)

Cas où les états de paiemens doivent être coupés.

271. Si un détachement, se trouvant dans une des deux premières catégories relatées en l'art. 239, reçoit une nouvelle destination, d'après laquelle il doive se rendre aux colonies pour y tenir garnison, ses états de paiement sont coupés à l'époque du changement survenu. (*Art.* 417.)

Avances aux troupes destinées pour les colonies.

272. Les avances à faire aux troupes embarquées pour les colonies, conformément aux dispositions de l'article 241, ont lieu sur états de paiement dressés en double expédition, dont l'une porte quittance, et l'autre déclaration de quittance. Cette dernière reçoit la destination prescrite par l'article 581 ; elle est ensuite adressée au Ministre de la guerre, comme pièce de dépense définitive. (*Art.* 418.)

Solde de captivité.

273. Les officiers, sous-officiers et soldats faisant partie des troupes désignées en l'article 240, et qui ont été faits prisonniers de guerre après leur embarquement, sont payés, lors de leur rentrée en France, de tout ce qui leur est dû pour solde de captivité par les agens et sur les caisses de la marine, mais à charge de remboursement par le département de la guerre. (*Art* 419)

274. Les officiers, sous-officiers et soldats mis à la disposition de la marine pour aller tenir garnison dans les colonies, et qui ont été faits prisonniers de guerre après leur embarquement, sont payés, à leur rentrée en France, sur les fonds du département de la marine, de tout ce qui leur est dû pour leur solde de captivité. (*Art*. 420.)

Délégataires.

275. Les délégataires des officiers embarqués pour tenir garnison dans les colonies, sont payés des sommes qui leur ont été déléguées, sur les fonds du département de la marine, et d'après les formes prescrites par le ministre de ce département. (*Art*. 421.)

TITRE IV.

DES RETENUES SUR LA SOLDE.

CHAPITRE Ier.

Des retenues au profit de l'Etat.

SECTION Ire.

De la Retenue de deux pour cent.

Prestations qui en sont passibles.

276. Les officiers sans troupe, les employés militaires et les officiers des corps de troupe, subissent sur leur traitement une retenue de deux pour cent au profit de la dotation de l'hôtel royal des Invalides. Cette retenue est exercée sur la solde, les supplémens de solde et l'indemnité de représentation. (*Art.* 429.)

Indemnités extraordinaires qui n'en sont point passibles.

La gratification d'entrée en campagne, et l'indemnité pour pertes de chevaux et d'effets n'en sont point passibles.

277. L'officier et l'employé militaire à

l'hôpital ne doivent supporter la retenue que sur la solde déterminée pour leur position. (*Art.* 430.)

278. Tout officier se trouvant dans une position qui lui donne droit à la solde de route, doit subir la retenue sur l'intégralité de cette solde. (*Art.* 431.)

Intégralité de cette retenue, nonobstant toute autre.

279. Lorsqu'un officier ou employé militaire aura à supporter sur son traitement une retenue pour quelque motif que ce soit, la retenue de deux pour cent n'en devra pas moins être exercée sur le montant intégral de sa solde. (*Art.* 432.)

Opérée par déduction.

280. Les sommes à retenir au profit de la caisse des invalides de la guerre, en vertu des dispositions des articles précédens, sont portées d'une manière distincte sur les états de paiement; et la déduction en est faite sur le montant desdits états qui ne sont, en conséquence, arrêtés et quittancés que pour le net. (*Art.* 434.)

SECTION II.

Des Retenues au profit du Trésor royal.

Comment exercées.

281. Lorsqu'il doit être exercé des retenues pour sommes à rembourser au trésor royal, soit par les militaires sans troupe et employés militaires, soit par les militaires des corps, d'après les ordres particuliers du Ministre secrétaire d'Etat de la guerre, les motifs des déductions sont expliqués, tant sur les états de paiement que sur les revues, de manière à ne faire payer à la partie prenante que la somme nette qu'elle doit recevoir, déduction faite de la retenue. (*Art.* 435.)

282. Si la retenue que l'on doit faire au profit du trésor ne concerne pas l'exercice courant, on fait connaître, par une note bien détaillée, la somme totale qui aurait dû être allouée par la revue, et les motifs de la déduction. (*Art.* 436.)

CHAPITRE II.

Des Retenues au profit des particuliers.

SECTION Iʳᵉ.

Secours aux Femmes et Enfans.

Par qui accordés.

283. Les femmes et enfans ayant droit à des secours alimentaires sur le traitement de leur mari ou de leur père, le Ministre secrétaire d'état de la guerre peut prescrire une retenue à cet effet sur la solde des officiers ou employés militaires qui ont abandonné leur famille.

Dans ce cas, la retenue peut être indépendante de toute autre que subirait déjà l'officier pour quelque cause que ce fût. (*Art.* 438.)

Retenues opérées par déduction.

284. Les retenues ordonnées en vertu de l'article précédent doivent être opérées par déduction sur les états de solde des officiers et employés militaires qui en sont passibles, et le montant en est payé à leurs femmes ou enfans, sur la production d'un certificat de

retenue, et suivant le mode prescrit par les articles 295, 310, 317 et 365, pour les délégataires. (*Art.* 439.)

SECTION II.

Des dettes envers des particuliers.

Retenues qui en résultent. Par qui ordonnées.

285. Les retenues pour dettes contractées par des officiers ou employés militaires ont lieu en vertu d'oppositions juridiques. Néanmoins, le Ministre secrétaire d'état de la guerre peut en ordonner d'office, lorsqu'il le juge convenable. (*Art.* 440.)

286. Dans les corps de troupe, les dettes des officiers, particulièrement celles qui ont pour objet leur subsistance, leur logement, leur habillement, ou d'autres fournitures relatives à leur état, peuvent aussi être payées au moyen d'une retenue sur leurs appointemens, ordonnée par le colonel.

Cette retenue a lieu sur l'avis du lieutenant colonel et la représentation des titres. (*Art.* 441.)

Signification d'oppositions juridiques.

287. Les oppositions juridiques concer-

nant les officiers sans troupe ou employés militaires, sont signifiées au payeur du département ou du corps d'armée dans lequel se trouve le militaire débiteur.

Lorsque ces actes concernent des officiers de troupe, ils sont signifiés aux conseils d'administration de leurs corps, en la personne du trésorier ou de l'officier en faisant fonctions, lequel ne peut, sous aucun prétexte, se refuser à les recevoir. (*Art.* 442.)

Retenues opérées par précompte.

288. Les retenues pour dettes envers des particuliers doivent toujours être opérées par précompte; en conséquence, le payeur, ou le conseil d'administration (selon qu'il s'agit d'un officier sans troupe ou d'un officier de troupe), prélève sur le montant de la solde du débiteur la retenue dont il est passible, sans qu'il y ait lieu, pour cet objet, à aucune déduction sur l'état de paiement ni sur la revue. (*Art.* 443.)

Destination à donner au produit des retenues.

289. Les deniers provenant des retenues opérées soit par les payeurs, soit par les conseils d'administration, sont distribués

aux opposans , suivant les formes prescrites par le Code de procédure civile. (*Art.* 444.)

CHAPITRE III.

Dispositions communes aux Retenues pour dettes envers le Trésor et les par-culiers.

Proportion commune à toutes les retenues.

290. Les retenues à effectuer pour sommes à rembourser , soit au trésor , soit à des particuliers, ne peuvent excéder le cinquième de la solde brute des militaires en activité , à moins de décision contraire du Ministre secrétaire d'état de la guerre. (*Art.* 445.) (1)

---

(1) Cet article a été modifié , ainsi qu'il suit, par l'ordonnance du 2 novembre 1833 sur le service intérieur des troupes.

« Lorsque des officiers font des dettes , soit pour « leur nourriture, soit pour leur logement, leur « tenue ou d'autres fournitures relatives à leur état, « la totalité de leurs appointemens , moins ce qui « est nécessaire pour les dépenses courantes et in— « dispensables, est employé à les acquitter. Le co- « lonel, sur le compte qui lui en est rendu par le « lieutenant-colonel , donne les ordres pour que le

Mesures à prendre pour en suivre les progrès.

291. Tous les ordres de retenue donnés par le Ministre secrétaire d'état de la guerre,

---

« paiement soit fait dans le plus bref délai possible ;
« dans ce cas, il peut prescrire aussi que les offi-
« ciers tirent leur nourriture d'un ordinaire de
« sous-officiers.

« Lorsque les officiers ont des dettes d'une nature
« autre que celles ci-dessus, elles sont, après l'ac-
« quittement des premières, payées au moyen d'une
« retenue sur leurs appointemens. Cette retenue est
« d'un cinquième de la solde ; elle est ordonnée par
« le colonel, sur l'avis du lieutenant-colonel et la
« représentation des titres constatant la légitimité
« des créances. Le lieutenant-colonel inscrit en
« marge de ces titres les termes fixés pour le paie-
« ment ; les acquits sont remis pour comptant aux
« officiers par le trésorier.

« Les indemnités, les gratifications d'entrée en
« campagne et le traitement de la légion-d'honneur,
« ne sont pas passibles de cette retenue.

« Les retenues ont lieu de plein droit, quand elles
« sont ordonnées par le Ministre, ou requises en
« vertu d'oppositions ou de saisies judiciaires. Elles
« n'excluent dans aucun cas l'action des créanciers
« sur les biens meubles et immeubles de leurs débi-

dans les cas spécifiés aux articles ci-dessus, sont adressés aux intendans militaires, qui sont tenus, sous leur responsabilité personnelle, d'en suivre, lorsqu'il y a lieu, l'exécution auprès des sous-intendans. En conséquence, les intendans en tiennent un registre, sur lequel ils annotent, d'après les comptes qui leur sont rendus par les sous-intendans, les sommes remboursées, en désignant les états de paiement et les revues sur lesquelles les retenues ont été effectuées.

Les sous-intendans tiennent le même re-

« teurs, suivant les règles établies par les lois. » (*Art.* 330.)

« Les actions de recouvrement de créances sont « du ressort des magistrats civils ; les officiers et les « juges militaires ne peuvent en prendre connais- « sance qu'à l'armée et hors du royaume ; ils ne « peuvent non plus apporter aucun obstacle à la « poursuite ou à l'exécution du jugement.

« Les armes, les chevaux, les livres, les instru- « mens d'étude, les effets d'habillement et d'équi- « pement dont les réglemens prescrivent que les « officiers soient pourvus, ne peuvent être saisis ni « vendus au profit des créanciers, » (*Art.* 331.)

gistre pour les retenues qu'ils doivent faire d'après les ordres que leur transmettent les intendans. (*Art.* 446.)

292. Lorsqu'un officier sans troupe, un employé militaire, un corps de troupe, assujéti à des retenues non encore effectuées en totalité, change de division, l'intendant fait connaître le restant à retenir à l'intendant de la division dans laquelle le militaire ou le corps doit se rendre, afin qu'il fasse continuer ces retenues. Cet intendant devient pareillement responsable de leur exécution. (*Art.* 487.)

TROISIÈME PARTIE.

DES RÉGLEMENS DE DÉPENSE.

—

TITRE Ier.

DES CONTRÔLES.

Des Officiers sans troupe et Employés militaires.

Tenue des contrôles par les intendans et sous-intendans militaires.

293. Les intendans militaires sont chargés de la tenue des contrôles des officiers sans troupe et employés militaires.

Ils peuvent déléguer cette partie de leurs attributions aux sous-intendans des départemens de l'intérieur, ou des divisions d'armée. Ils sont tenus, lorsqu'ils usent de cette faculté, d'en prévenir le Ministre secrétaire d'état de la guerre, et les chefs respectifs des diverses classes d'officiers sans troupe et d'employés militaires. (*Art.* 453.)

294. L'intendant ou le sous-intendant militaire tient un contrôle pour chaque

classe d'officiers sans troupe et d'employés militaires stationnés dans son arrondissement. Aux armées, ces contrôles sont établis par corps d'armée, et tenus par l'intendant ou le sous-intendant chargé d'ordonnancer le paiement de la solde des militaires sans troupe et des agens militaires. (*Art.* 454.)

Fourniture et renouvellement des contrôles.

295. Les contrôles à tenir pour les officiers sans troupe et employés militaires sont fournis par les soins du Ministre secrétaire d'état de la guerre; ils sont renouvelés au 1er janvier de chaque année. Les contrôles de l'année expirée sont déposés dans les archives de l'intendance ; mais ceux concernant les officiers sans troupe et employés militaires des armées sont envoyés au Ministre secrétaire d'état de la guerre, immédiatement après la dissolution de ces armées et la vérification des dernières revues. (*Art.* 455.)

Mesures pour assurer l'exactitude des contrôles.

296. Pour faciliter la tenue exacte des contrôles mentionnés en l'article précédent, les officiers sans troupe et employés mili-

taires sont obligés, lors de leur arrivée à une
nouvelle destination , ainsi qu'à leur départ
pour se rendre d'une destination à une autre ,
de présenter à l'intendant ou au sous-intendant militaire de l'arrondissement les ori-
ginaux de leurs brevets et commissions, et de
soumettre à leur *visa* les nouvelles lettres
de service qu'ils ont reçues. Indépendamment de ces communications, chaque chef
de classe adresse à l'intendant ou sous-
intendant l'état de tous les mouvemens et
mutations des officiers ou employés militaires qui en font partie, au fur et à mesure qu'ils ont lieu, et leur donne ou fait
donner communication des titres justifica-
tifs. (*Art.* 456.)

297. Tous les ordres de mouvemens , ainsi
que tous les avis de nominations ou promo-
tions, pour les militaires sans troupe ou
employés militaires et pour les officiers des
corps de troupe, sont notifiés aux intendans
des divisions où ces militaires résident. Les
intendans les font connaître aux sous-intendans employés sous leurs ordres. Les intendans en tiennent un registre spécial et par

ordre alphabétique, pour leur servir, au besoin, de document pour la vérification des revues. Les sous-intendans tiennent un pareil registre pour l'enregistrement des ordres et avis ministériels qui leur sont transmis par les intendans. (*Art.* 457.)

298. Les officiers sans troupe, à la seule exception des officiers généraux, et les employés militaires compris sur les contrôles, doivent se présenter dans les bureaux de l'intendant cu du sous-intendant, le dernier jour de chaque mois, à moins de motifs d'empêchement légitime, dont ils doivent justifier. (*Art.* 458.)

299. Lorsque les officiers sans troupe ou employés militaires ne résident pas dans le chef-lieu du département, ils se présentent chez le commandant militaire du lieu de leur résidence, lequel doit donner à l'intendant ou au sous-intendant avis de leur présentation. (*Art.* 459.)

TITRE II.

DES REVUES.

Officiers sans troupe et employés militaires.

Revues par qui établies.

300. Les intendans et sous-intendans militaires sont chargés de l'établissement des revues de liquidation des officiers sans troupe et des employés militaires dont ils tiennent les contrôles. (*Art.* 501.)

Forme des revues.

301. Il est fait une revue de liquidation, par trimestre, pour chaque classe d'officiers d'état-major ou sans troupe, et d'employés militaires en résidence dans un même département ou attachés à un même corps d'armée. Cette revue est divisée par chapitres, suivant l'ordre des grades ; elle présente les noms, prénoms, grades, mutations et mouvemens des officiers et employés ; le nombre de journées donnant droit à la solde, ainsi qu'aux accessoires de la solde, et les décomptes en deniers des sommes

dues pour les mêmes prestations. Les sommes de chaque chapitre concernant les officiers d'un même grade et d'une même classe sont additionnées séparément, et la revue est terminée par une récapitulation.

Les revues de liquidation des fournitures en nature faites aux mêmes officiers ou employés sont établies dans le même ordre.

Les revues pour le personnel du service des subsistances sont divisées en autant de chapitres qu'il y a d'employés de différens services. (*Art.* 502.)

Militaires sans troupe absens à l'époque d'une revue.

302. Les militaires sans troupe et employés militaires absens de leur poste par congé, à l'époque d'une revue de liquidation, ne sont portés que pour mémoire sur ladite revue, pour le temps de leur absence. L'intendant ou le sous-intendant indique avec soin la durée du congé, l'époque de son expiration, et s'il a été accordé avec ou sans solde. (*Art.* 503.)

Idem autorisés à toucher leur solde ailleurs qu'à leur poste.

303. Lorsque des officiers sans troupe ont

été autorisés par le Ministre secrétaire d'E-
tat de la guerre à toucher leur solde ailleurs
qu'à leur poste ou à leur résidence, ils sont
compris pour mémoire dans la revue de liquidation des officiers sans troupe de l'arrondissement où ils résident habituellement,
et l'intendant ou le sous-intendant y porte
l'annotation des ordres qui ont autorisé leur
paiement ailleurs qu'à leur résidence habi-
tuelle ; pareille mention est faite dans la
revue sur laquelle ils doivent être compris pour être payés. (*Art.* 504.)

304. Les dispositions de l'article précédent
sont applicables aux officiers sans troupe,
pairs de France ou membres de la Cham-
bre des députés, et ce, pour le temps de la
durée des sessions législatives.

Il en est de même à l'égard des officiers
pourvus d'emplois civils à la cour, pour le
temps de leur service auprès du Roi. (*Art.*
505.)

**Revues en double expédition. Destination à leur
donner.**

305. Les revues de liquidation des militaires sans troupe et employés militaires

sont dressées en double expédition : la première reste pour minute entre les mains de l'intendant ou du sous-intendant qui l'a établie ; l'autre expédition, lorsqu'il s'agit d'une revue faite par un sous-intendant, est adressée à l'intendant divisionnaire aussitôt après sa confection, et lorsqu'il y a eu des fournitures en nature, aussitôt après le réglement de décompte dont il est parlé en l'art. 601.

On y joint l'état des individus logés, avec ou sans meubles, dans les bâtimens militaires, les feuilles de route, les congés, les ordres de missions, les billets de sortie des hôpitaux, et généralement toutes les pièces qui ont dû être communiquées aux sous-intendans, à l'exception des brevets et lettres de service. (*Art.* 506.)

TITRE III.

DISPOSITIONS PARTICULIÈRES.

Franchise des envois sous bandes.

306. Les envois que doivent faire par la poste les intendans et sous-intendans mili-

taires, ainsi que les officiers et fonctionnaires civils ayant droit de franchise, s'ef-
fectuent sous bandes croisées, et la suscrip-
tion de chaque envoi est contre-signée par
le fonctionnaire qui l'expédie; au moyen de
quoi les lettres et paquets sont rendus à destination franc de port. (*Art.* 626.)

Réclamations particulières; à qui adressées.

307. Les officiers sans troupe et les employés militaires qui ont des réclamations à
former pour solde et accessoires de solde,
sont tenus de s'adresser à l'intendant ou au
sous-intendant de l'arrondissement ou du
corps d'armée dans lequel ils sont employés.

Les militaires appartenant à un corps, qui
ont des répétitions à faire, soit contre leur
corps, soit contre le trésor, pour quelque
motif que ce soit, sont pareillement tenus
de s'adresser, par l'intermédiaire du conseil
d'administration, au sous-intendant militaire ayant la police de ce corps. (*Art.* 627.)

308. Tout sous-intendant qui a reçu une
des reclamations ci-dessus spécifiées, est
tenu, si elle est fondée, d'y satisfaire sur-

le-champ. Si la réclamation n'est pas susceptible d'être admise, il doit en prévenir par écrit le réclamant, en motivant son refus.

Si le réclamant se croit fondé à appeler de la décision du sous-intendant, il se pourvoit devant l'intendant militaire, auquel il adresse en original la réponse du sous-intendant.

L'intendant statue définitivement, et lui fait pareillement connaître sa décision par écrit.

S'il s'agit d'un cas extraordinaire non prévu par les réglemens, l'intendant militaire en réfère au Ministre secrétaire d'état de la guerre. (*Art.* 628.)

309. Les réclamans peuvent appeler au Ministre secrétaire d'état de la guerre des décisions des intendans et des sous-intendans militaires, ou des refus qu'ils en auraient éprouvés ; mais, dans ce cas, ils doivent joindre à leurs demandes les réponses qu'ils ont reçues de ces fonctionnaires. (*Art.* 629.)

QUATRIÈME PARTIE.

De la Destination et de la Distribution des Fonds perçus pour la Solde et les autres prestations en deniers dans les corps.

De la Distribution de la solde aux Officiers.

Paiement de la solde des officiers.

310. La solde est distribuée aux officiers par le trésorier, pour le mois échu, dès le lendemain du jour qu'il a reçu les fonds pour ce paiement, et à l'heure indiquée par le commandant du corps. (*Art.* 782.)

Feuille d'émargement.

311. Cette distribution s'effectue d'après une feuille nominative d'émargement, que le trésorier dresse pour chaque mois. (*Art.* 783.)

Quittance des parties prenantes.

312. Les officiers présens apposent leur quittance en marge de la feuille; ceux dé-

taclés dans le département où réside le dépôt du corps, envoient des quittances individuelles, qui demeurent annexées audit état. (*Art.* 784.)

Formalité à remplir en cas d'absence.

313. Nul officier ne peut signer pour un autre, à moins qu'il ne soit porteur d'une autorisation donnée sous seing privé par le titulaire et légalisée par un sous-intendant; dans ce cas, l'autorisation est jointe à la quittance ou à la feuille d'émargement (*Art.* 785.)

Officier changeant de corps, payé jusqu'au jour de son départ.

314. Tout officier quittant un corps ou une portion de corps, soit définitivement, soit pour cause de congé ou de mission, ou pour entrer à l'hôpital, soit pour passer à une autre portion du même corps, est payé sur sa quittance individuelle, avant son départ, de tout ce qui peut lui être dû au titre de ce corps jusqu'au jour de son départ exclusivement. Il lui est délivré par le conseil d'administration un certificat de cessation de paiement, visé par le sous-intendant militaire. (*Art.* 786.)

Droit acquis aux officiers de disposer librement de leur solde.

315. Les officiers ont la libre et entière disposition de leur solde, sauf les retenues légales dont elle peut être passible. (*Art.* 787.)

Versement à la caisse des dépôts et consignations des sommes dues aux officiers décédés.

316. Les sommes dues en vertu de droits constatés, à des officiers décédés à leurs corps, sont versées dans les caisses publiques au compte de la caisse des dépôts et consignations, auprès de laquelle les héritiers doivent se pourvoir. Ces versemens s'opèrent d'après un bordereau arrêté en triple expédition par le conseil d'administration, et visé par le sous-intendant militaire. (*Art.* 788.)

Déduction dont ce versement est susceptible.

317. Il est fait, sur le bordereau mentionné ci-dessus, déduction des dettes de l'officier décédé, soit envers le département de la guerre, soit envers le corps. Dans ce dernier cas, la légitimité des dettes devra préalablement être reconnue par le sous-

intendant militaire, et constatée par son *visa.* (*Art.* 789.)

Récépissé à fournir par le receveur.

318. Le receveur remet, en échange de la somme versée dans sa caisse, deux expéditions du bordereau, revêtues de sa signature : la première, portant récépissé, pour être produite à l'appui des comptes du trésorier; la seconde, portant déclaration de récépissé, pour être adressée aux héritiers comme titre de réclamation auprès de la caisse des dépôts et consignations. (*Art.* 790.)

Officier décédé débiteur envers le corps.

319. Lorsque la dette de l'officier excède sa créance, le conseil d'administration dresse, en double expédition, un bordereau qui fait connaître le nom et le domicile de cet officier, et, autant que possible, ceux de ses héritiers, ainsi que la somme dont il est demeuré débiteur. (*Art.* 791.)

Marche à suivre pour le recouvrement de ces sortes de créances.

320. Ce bordereau est soumis à la vérification et au *visa* du sous-intendant mi-

litaire qui en adresse une expédition à l'intendant divisionnaire ; ce dernier la transmet au Ministre de la guerre, qui avise, s'il y a lieu, aux moyens d'obtenir le paiement de la dette laissée par l'officier.

La seconde expédition dudit bordereau est rendue au conseil. (*Art.* 792.) (1)

Décision ministérielle portant que l'in-demnité de route est due à tout offi-cier qui se déplace pour être entendu par un conseil d'enquête.

Le Ministre a décidé, le 8 avril 1834, que tout officier qui se déplace pour être entendu par un conseil d'enquête, a droit à l'indemnité de route pour se rendre dans le lieu où siége le conseil ; qu'il a également droit à l'indemnité de route pour retourner

---

Notre intention était de placer ici *l'ordonnance du 24 septembre 1823 portant réglement sur les indemnités et les avances payables en route aux militaires isolés* ; mais comme cette ordonnance est en ce moment soumise à une révision, nous sommes contraint d'attendre, pour la publier, que ce travail soit terminé.

à son poste, s'il y est renvoyé, même s'il doit subir une punition.

—————

Décision ministérielle portant que les militaires qui , sur leur demande, passent d'un corps dans un autre , par permutation ou au moyen d'une vacance n'appartenant point à l'avancement, n'ont pas droit à l'indemnité de route.

Le Ministre a décidé, le 6 août 1831, que les officiers qui, *sur leur demande,* passeront d'un corps dans un autre, *par permutation ou au moyen d'une vacance n'appartenant point à l'avancement,* ne toucheront pas l'indemnité de route, et que les dispositions de l'ordonnance du 24 septembre 1823 recevront désormais une application rigoureuse à l'égard des officiers, sous-officiers et soldats.

—————

Note ministérielle relative aux officiers qui ont obtenu des congés avec solde entière, pour aller prendre à leurs frais le eaux thermales, et qui sont forcés de quitter l'hôpital dans lequel ils se trouvent, avant l'expiration de leurs congés.

Paris, le 29 juillet 1829.

Le Ministre secrétaire d'état de la guerre a été consulté sur la question de savoir si des officiers qui ont obtenu des congés avec solde entière, pour faire usage des eaux thermales à leurs frais, et qui sont forcés, pour cause de santé, de quitter l'hôpital dans lequel ils se trouvent, avant l'expiration de leur congé, peuvent être autorisés à aller se faire traiter dans leurs familles, pendant le restant de sa durée, en conservant la solde entière.

Les congés de cette nature ayant un objet expressément déterminé, les officiers qui en sont porteurs n'ont plus droit à la solde quand ils cessent de faire usage des eaux avant le terme fixé par leur congé.

En conséquence, tout congé accordé avec solde entière, pour aller prendre les eaux thermales, cesse d'avoir son effet du jour où l'officier qui en est porteur ne fait plus usage des eaux ; dès lors cet officier doit rejoindre son corps, ou, s'il désire passer dans sa famille le restant de la durée de son congé, il n'aura droit à aucune solde pour ce temps.

ORDRE DU MINISTRE DE LA GUERRE.

Le passage gratuit pour Alger est accordé aux femmes et enfans des militaires et employés d'administration qui servent dans l'armée d'Afrique.

Paris, le 18 mars 1831.

D'après une disposition concertée entre les départemens de la guerre et de la marine, le passage pour Alger, aux frais de l'Etat, est accordé aux femmes et enfans des militaires et employés d'administration qui servent dans l'armée d'Afrique.

MM. les intendans militaires informeront de cette mesure les personnes qui s'adresseraient à eux pour demander leur passage, et qui justifieraient y avoir droit en produisant la preuve écrite de l'assentiment de leur mari ou de leur père. Il les inviteront à se rendre à Toulon, où il sera pourvu à leur embarquement par M. le Préfet maritime, et afin de prévenir toute difficulté, ils en

lonneront immédiatement avis à M. l'inten-
lant militaire de la 8e division.

----

*Prestations en nature auxquelles ont droit
les infirmiers entretenus , lorsqu'ils ne
sont pas employés dans les hôpitaux
militaires.*

Les prestations en nature auxquelles ont
droit les infirmiers entretenus, lorsqu'ils
ne sont pas employés dans les hôpitaux militaires, sont absolument les mêmes que
celles dont jouissent les soldats du batail-
lon d'ouvriers d'administration.

Cette assimilation résulte des dispositions
de l'article 262 du réglement du 1er avril
1831, d'après lesquelles le même tarif de
solde est applicable aux uns comme aux
autres. (*Lettre ministérielle du 15 novembre 1833.*)

----

*Circulaire ministérielle relative aux in-
demnités allouées aux officiers de santé
pour les opérations du recrutement.*

Paris, le 29 juillet 1819.

MM. les Préfets sont prévenus que les indemnités allouées aux officiers de santé pour

les opérations du recrutement, ne doivent pas dépasser *dix francs* par jour, lorsqu'il n'y aura pas déplacement, et *quinze francs* aussi par jour, lorsque les officiers de santé se seront déplacés. Il est bien entendu que ces deux fixations ne concernent que les officiers de santé civils. Quant aux officiers de santé militaires qui ont droit seulement à une indemnité de déplacement, il ne pourra leur être alloué, dans ce cas, au-delà de dix francs par jour.

S'il arrivait que les déplacemens du conseil de révision fussent accompagnés de circonstances extraordinaires qui donnassent lieu à un surcroit de dépense de la part des officiers de santé, et qu'elles parussent devoir donner lieu à une extension dans le taux de leurs indemnités, les Préfets auront d'abord à adresser au Ministre leurs propositions, et ils feront mention de la décision intervenue sur l'état à envoyer au sous-intendant militaire.

Circulaire ministérielle relative à l'ordonnance du 1er décembre 1824, qui accorde des indemnités aux officiers des corps de cavalerie qui perdront des chevaux par des cas extraordinaires.

Paris, le 18 février 1825.

Les réglemens n'accordaient d'indemnités aux officiers des corps de cavalerie, pour pertes de chevaux, que pour ceux pris par l'ennemi ou tués à l'armée, et toutes les autres, de quelque nature qu'elles fussent, restaient à leur charge. Il en résultait que les officiers sans fortune, qui venaient à perdre leurs chevaux, éprouvaient beaucoup de gêne pour se remonter, et n'y parvenaient le plus souvent qu'à force de privations.

J'ai pensé que des pertes étaient souvent occasionées par des cas extraordinaires, telles que celles qui résultent de la fracture d'un membre, de la morve, des maladies épizootiques régnant dans le pays, et autres circonstances imprévues; que celles de cette nature méritaient d'être prises en considération, et mettaient les officiers qui les

11*

éprouvaient dans le cas de recevoir des indemnités.

D'après les représentations que j'ai faites au roi à ce sujet, S. M. a rendu, le 1er décembre dernier, une ordonnance portant qu'il serait ajouté chaque année au budget des remontes, à partir de 1825, une somme de 30,000 francs, à titre de fonds de secours, destinée à donner des indemnités aux lieutenans et sous-lieutenans qui perdront des chevaux par l'un des cas indiqués ci-dessus, ou par d'autres circonstances sur lesquelles le ministre de la guerre devra prononcer, d'après les demandes qui lui seront faites par les conseils d'administration des régimens.

L'article 3 de cette ordonnance appelle les capitaines à participer à ces indemnités, mais pour un cheval seulement, sur les deux qu'ils doivent avoir, dans le cas où ils viendraient à les perdre dans un délai de deux années.

Aux termes de l'article 4, les indemnités dont il s'agit ne pourront être payées que d'après des décisions spéciales, et, dans aucun cas, elles ne pourront dépasser, pour chaque officier, les deux tiers du prix de la remonte de l'arme.

Les indemnités devront être réglées en ayant égard à l'espace de temps pendant lequel les officiers auront été possesseurs des chevaux, à leur estimation lors de la dernière inspection, et à leur valeur au moment de la mort. En conséquence, lorsque des officiers auront perdu des chevaux qui leur donneront droit à l'indemnité, les conseils d'administration des régimens m'adresseront des demandes qui devront être formées dans le mois qui suivra les pertes, et être accompagnées de procès-verbaux dressés à cet effet par les sous-intendans militaires chargés de la police administrative des régimens. Ces procès-verbaux indiqueront la valeur des chevaux au moment où les pertes auront eu lieu.

Décision ministérielle relative aux chirurgiens et pharmaciens élèves de l'hôpital militaire d'instruction d'Alger.

Paris, 25 octobre 1833.

Le passage à bord des bâtimens de l'Etat est accordé aux étudians en médécine qui seront nommés à des emplois d'élèves chirurgiens et pharmaciens à l'hôpital militaire d'instruction d'Alger.

Les rations de vivres de campagne, sans solde, sont allouées auxdits élèves pendant leur séjour en Afrique.

Réglement concerté entre les divers Ministres pour déterminer la position des officiers, fonctionnaires et agens de toutes classes, passagers à bord des bâtimens de l'Etat.

Paris, 1er décembre 1833.

ART. 1er. Les diverses positions des passagers à bord des bâtimens de l'Etat se définissent de la manière suivante :

Table du commandant,

Table de l'état-major,

Table des élèves de la marine ou des aides-chirurgiens,

Table des maîtres,

Simples rationnaires.

Simples rationnaires.

2. Nul officier, militaire ou civil, fonctionnaire ou agent quelconque d'un service public, ne sera embarqué comme passager à

bord d'un bâtiment de l'Etat, s'il n'est muni d'une lettre de service ou de tout autre titre en forme.

3. Les officiers, fonctionnaires ou agens des différens services publics, passagers à bord des bâtimens de l'Etat, seront classés d'après le tableau ci-après : (1)

Table du commandant.

Médecin, chirurgien et pharmacien en chef d'armée, ou inspecteur. Directeur et agent en chef d'un service administratif d'armée. Médecin, chirurgien et pharmacien principal. Officier d'administration, directeur et agent principal ou inspecteur d'un service administratif d'armée.

Table de l'état-major.

Médecin ordinaire, chirurgien et pharmacien-major. Officier d'administration et agent comptable des services administratifs. Médecin adjoint, chirurgien et pharmacien

______

(1) Nous avons extrait de ce tableau ce qui concerne le personnel du service de santé et d'administration militaire.

aide-major. Adjudant d'administration de première et de deuxième classe des hôpitaux.

Table des élèves de la marine ou des aides-chirurgiens.

Chirurgien et pharmacien sous-aide-major ou élève. Sous-adjudant d'administration des hôpitaux.

Table des maîtres.

Infirmier-major.

Simples rationnaires.

Infirmier ordinaire.

4. Lorsque la personne qui devra être embarquée ne se trouvera pas dans une des catégories déterminées par le tableau ci-dessus, ou qu'une mission spéciale devra changer sa position à bord, il sera statué à son égard par une décision particulière du Ministre compétent.

5. Le département de la marine sera remboursé dans le plus bref délai possible, par les départemens respectifs, des dépenses qu'il aura faites pour leur compte, conformément à l'article 9 de l'ordonnance du 1er mars 1831.

Décision ministérielle relative aux congés de convalescence et autres.

4 juin 1832.

1° A l'avenir, il ne sera plus accordé de congé de convalescence, avec solde entière, aux officiers employés dans l'intérieur, sauf les cas graves et particuliers sur lesquels le Ministre se réserve de prononcer.

2° Dans l'hypothèse d'une décision favorable, si le premier congé de convalescence délivré avec solde entière, est suivi d'une prolongation de même nature, celle-ci ne pourra jamais donner droit qu'à la demi-solde.

3° Les officiers rentrant malades du corps d'occupation d'Afrique, et dont la situation physique aura été régulièrement constatée par des certificats de visite et de contre-visite, seront seuls susceptibles d'obtenir de prime-abord des congés de convalescence avec solde entière. Ce traitement sera réduit à la demi-solde dans le cas de prolongation ;

4° Enfin, les congés de faveur, c'est-à-dire ceux motivés sur des affaires personnelles ou sur toute autre raison étrangère au cas de maladie , seront avec demi-solde (1).

Décision ministérielle qui alloue l'indemnité de route aux officiers qui rentrent d'Afrique avec des congés de convalescence.

Paris, le 26 avril 1834.

Le Ministre , considérant que les troupes du corps d'occupation d'Afrique sont sur le pied de guerre et hors du territoire continental de l'Europe , a décidé, le 24 mars , qu'il y avait lieu d'appliquer aux officiers qui rentrent d'Afrique avec des congés de convalescence, l'exception que l'ordonnance du 24 septembre 1823 avait consacrée en faveur des militaires revenant des colonies.

En conséquence, ces officiers auront droit à l'indemnité de route de leur grade, mais seulement pour se rendre du port de débarquement dans le lieu de leur résidence, sans qu'ils puissent y prétendre pour retourner à leur poste.

---

(1) *Cette décision modifie l'art. 63 de l'ordonnance du 19 mars 1823. (Voir page 24 , n. 46.)*
Note de l'auteur.

Tarifs des diverses indemnités accordées en route, dans l'intérieur du royaume, aux officiers de santé et d'administration militaires.

Indemnité de route. Somme à payer par journée d'étape, d'un gîte à l'autre.

Médecin, chirurgien, pharmacien et officier d'administration en chef,   5 fr.

Médecin, chirurgien, pharmacien et officier d'administration principal,   4 fr.

Médecin ordinaire, chirurgien et pharmacien major, officier d'administration comptable,   3 fr.

Médecin adjoint, aide et sous-aide chirurgien ou pharmacien, adjudant d'administration de 1re et 2e classe sous-adjudant d'administration,   2 fr. 50 c.

Indemnité de séjour.

Cette indemnité est la même que celle de route.

Indemnité représentative du cheval de selle.

Cette indemnité est de 4 fr. 50 c., par jour de marche, sans distinction de grade.

Supplément à la solde de route, pour les distances d'étapes parcourues en un jour en sus de la première.

Chirurgien-major, 1 fr. 20 c. par distance.
Chirurgien aide et sous-aide, 1 fr.

Retenues pour journées d'hôpitaux.

La retenue à faire dans le cas prévu par l'article 95 de l'ordonnance sur la solde, les revues et l'administration intérieure des corps, relatif aux officiers en congé sans solde, est fixée, savoir :

A 3 fr. pour les officiers supérieurs ;
A 2 fr. pour les capitaines ;
A 1 fr. 50 c. pour les lieutenans ;
A 1 fr. 25 c. pour les sous-lieutenans.

FIN.

TABLE

DES MATIÈRES.

(Les numéros indiquent les pages.)

Dispositions préliminaires. — Fixation de la solde et autres prestations, tant en deniers qu'en nature, page 1.

De la solde de présence. — Désignation des différentes espèces de solde, 2. Principes généraux sur l'activité de service et sur les droits qui en dérivent, 3. Interdiction de tout cumul, 4. Militaire remplissant les fonctions d'un grade supérieur ou inférieur au sien, 5. Solde due aux militaires décédés, *idem.*

Solde en station sur le pied de paix. Entrée en jouissance de la solde de présence, 6. Officiers changeant de destination ou promus à un grade supérieur, *idem.* Militaires passant dans les colonies, 9. Officiers en mission, *idem.* Officiers membres de tribunaux militaires, 10. Militaires appelés en témoignage, 11. Militaires rentrant des prisons de l'ennemi, 12.

De la solde en route. — Solde de route ; à qui allouée, *idem.* — Comment allouée, 13. — Militaires isolés, 14.

De la solde sur le pied de guerre. — Cas où la solde de guerre est due, 15. Solde de vaguemestre, 17.

De la solde de disponibilité.—Incompatible avec tout autre traitement militaire, 17. Payable au lieu de la résidence, *idem*. Changement de résidence et absence légale, 18. Cas d'absence illégale, *idem*. Incompatibilité de cette solde avec tout traitement civil, 19.

Des délégations.—Délégations; cas où elles sont autorisées, *idem*. Formalités qu'elles entraînent, *idem*.

De la solde de congé.—Nul ne peut s'absenter qu'en vertu d'un congé ou d'une permission, 23. Permissions; par qui accordées, *idem*. Différentes sortes de congés, 24. Droits résultant des congés et permissions, *idem*. Officiers allant exercer leur droit d'électeur, 25. Con'gés à l'étranger et aux colonies, 26. Congés de semestre, *idem*. Congés de convalescence, 28. Congés de faveur, 29. *Visa* des congés et permissions avant le départ, 30. Militaires en congé; comment rappelés, 31. —Militaires rejoignant avant l'expiration de leurs congés, *idem*. Cas où le corps change de garnison, 32. Militaires qui dépassent les limites de leur congé, 33. Epoque de la rentrée en jouissance de la solde d'activité, 34. *Visa* des congés au retour, 35.

De la solde d'hôpital.—Du droit à la solde d'hôpital, 35. Rappel de cette solde; comment effectué, *idem*. Cas où ce rappel n'est pas dû, 36. Militaires allant aux eaux, *idem*.—Admission des domestiques d'officiers dans les hôpitaux, 38.

De la solde d'hôpital en congé. — Militaires en congé avec solde, 38. Militaires en congé sans solde, 39.

De la solde des militaires en détention ou en jugement. Officiers et employés militaires mis en jugement, 40.

De la solde de captivité.—Du droit à la solde de captivité, 40. Paiement à faire aux officiers rentrant de captivité, 41. Officiers rentrés par échange, *idem.*—Officiers rentrés sur parole, 42. Employés militaires, 43. Sous-employés, 44. Militaires faits prisonniers en mer ou dans les colonies, *idem.* Pièces à produire par les prisonniers rentrés, *idem.* Secours aux familles des prisonniers de guerre, 45.

De la solde de congé illimité. Définition de la solde de congé illimité, 46.

Positions entraînant privation de la solde. Absence illégale, 47. Réforme ou suspension, *idem.* Militaires rentrant après les délais fixés par leur feuille de route, *idem.* Officier démissionnaire, 48. Autres cas emportant privation de la solde, *idem.*

Des accessoires de solde. — Des supplémens pour ancienneté de grade, 49. Des supplémens à la solde de route. — Indemnité représentative du cheval de selle, *idem.* Supplément pour distances d'étape parcourues en sus de la première, 50. Du supplément de solde pour résidence dans Paris ; positions donnant droit à ce supplément, 51. Des supplémens de solde aux militaires employés près les dépôts de recrutement. Officiers composant les dépôts de recrutement, 54. Militaires détachés extraordinairement pour le service du recrutement, *idem.*

Des indemnités. — De l'indemnité représentative de fourrages.—Positions dans lesquelles cette indemnité est due, 55. Elle n'est pas due aux armées, 56. Officiers et employés se rendant à une armée et en revenant, *idem*. Cas où l'indemnité est due aux officiers de cavalerie, 57. Officiers passant de l'inactivité à l'activité, 58. Officiers promus, 59. Officiers en retard de rejoindre, *idem*. Des indemnités représentatives de logement et d'ameublement.—Règle d'allocation, 60. Officiers en mission ou en congé, *idem*. Officiers appelés en témoignage, 61. Officiers changeant de position, *id*. Supplément pour séjour de Paris, 62. Médecins et pharmaciens civils, 63. Officier qui refuse le logement ou les meubles qui lui sont assignés, 64. De l'indemnité pour frais de bureau.—Elle est due pour la durée des fonctions, *idem*. Les absences légales n'en suspendent pas la jouissance, 65.

Des indemnités en remplacement de vivres. — Fournitures qu'elles représentent, *idem*. Cas où elles sont dues, *idem*. Par qui autorisées, 66.

Des indemnités pour pertes de chevaux et d'effets. — Pertes de chevaux, *idem*. Pertes d'effets, 67. Mode d'allocation, *idem*. Chevaux tués dans une action, 68.

Des frais de poste. A qui alloués, 69. Par qui ordonnancés, *idem*.

De la gratification d'entrée en campagne. — Cas où elle est due, 70. Officier promu dans le cours d'une même guerre, *idem*. Droit d'allocation réservé au Ministre, 71.

Dispositions particulières concernant les troupes embarquées. — Division de ces troupes en trois catégories, 71. Troupes au compte du département de la guerre, 72. Troupes au compte du département de la marine, *idem*. Avances à faire par le département de la guerre, *idem*. Troupes revenant des colonies, 74.

Des subsistances. Du pain. A qui dû sur le pied de paix, 75. A qui dû sur le pied de guerre, 76. Militaires détenus, *idem*. Cas où le pain n'est pas dû, *idem*. Composition de la ration, 77.

Des vivres de campagne. Dus généralement sur le pied de guerre, 77. Cas où ces vivres peuvent être alloués sur le pied de paix, 78. Substitution d'une denrée à une autre, 79.

Des liquides. Distributions; par qui autorisées, 79. Distributions pour revues d'inspection, 80. Remplacement pour une indemnité, *idem*.

Des fourrages. Règles générales d'allocation, 81. Cas où l'indemnité représentative peut être remplacée par les fourrages en nature, *idem*. Officiers de cavalerie s'absentant de leurs corps avec leurs chevaux, 82. Officiers de cavalerie changeant de position, *idem*. Officier de cavalerie détenu ou en jugement, 83. Epoque à laquelle les officiers doivent être pourvus du nombre de chevaux sur le pied de guerre, *idem*. Fourrages sur le pied de guerre, 84. Chevaux laissés au dépôt par les officiers partant pour l'armée, *idem*. Fourrage sur le pied de route, 85. Mise au vert des chevaux de cavalerie, *idem*. Chevaux de remonte, *idem*. Officiers d'infanterie âgés de plus de cinquante ans, 86.

Du chauffage. A qui dû, 86. Journées de présence donnant droit au chauffage, *idem*. Composition des rations, 87.

Disposition commune aux fournitures des vivres, fourrages et chauffage. — Moins-perçus, 87.

12

Du logement. — Officiers sur le pied de guerre , 88. Officiers sur le pied de paix , *idem.* Militaires en route , *idem.*

Des époques des paiemens. De la solde des officiers et de ses accessoires, 89. Délégations, 90. De la solde des sous-employés des administrations , 91.

Du décompte des diverses allocations. — Portions de traitement à décompter par mois , 91. *Idem* par quinzaine , 92. *Idem* par journée , *idem.*

Du mode des paiemens. — Des états de paiement ; par qui ordonnancés , 92. Mandats individuels pour les officiers sans troupe , 93. Etats collectifs pour les officiers de corps , *idem.* Etats individuels pour les délégataires , 94. Etats de paiement ; par qui quittancés , *idem.*

Des livrets de solde. — Etablissement des livrets, 95. Leur destination , *idem.* Livrets des délégataires, *idem.* Fourniture des livrets, 96. Forme des livrets, 97. Conditions prescrites pour leur validité , *idem.* Unité du livret pour chaque corps , 98. Cas où il est dérogé à ce principe , *idem.* Militaire autorisé à toucher isolément sa solde sans livret , 99. Changement de destination d'un officier sans troupe ou d'un corps , *idem.* Epoque du renouvellement et destination à donner aux anciens livrets , 100. Annotations à porter sur les nouveaux livrets , *idem.* Livret perdu par un officier sans troupe , 101. Livret perdu par un corps de troupe ou un détachement , 102. Précautions à prendre pour éviter les doubles emplois , *idem.* Cas de fausse déclaration de perte d'un livret, 103. Officiers rentrant des prisons de l'ennemi, *idem.*

Du paiement des mandats. — Par qui payés, 104. Payés à vue, *idem.* Cas de refus de paiement, *idem.* Rappels sur l'exercice courant, 105. Rappels sur un exercice expiré, *idem.* Cas où les paiemens d'un exercice ont été suspendus, 106. Division en treize classes, *idem.* Officiers détachés de leurs corps , 109. Etats de mutations établis par classe, 110. Mandats individuels de paiement , 111. Destination à donner aux mandats individuels de paiement , 112. Délai fixé pour le paiement des mandats individuels, 113. Mode à suivre pour constater le non-paiement des mandats, 114. Officier passant d'une division ou d'une armée dans une autre, 115. Officiers quittant le service, 116. Cas où un officier est parti sans faire acquitter son mandat, *idem.* Officier ne changeant pas de résidence, 117. Officier passant dans un autre arrondissement, *idem.* Inscription des paiemens sur la feuille de route des prisonniers rentrés, 118. Etats de paiemens par corps et par département, 119. Etablis en double expédition, 120. Cas où il en doit être fait une troisième expédition, *idem.* Etats de paiemens à établir par anticipation, 121. Détachemens de recrues, 122. Corps provisoires, *idem.* Passage à une solde différente. Augmentation ou diminution qui en résulte, *idem.* Coupure des états de paiement au passage de la frontière, 123.

De la solde de captivité. — Officiers rentrant des prisons de l'ennemi, 124.

Des cas où le paiement de la solde et des masses payables

sur les fonds de la solde est suspendu. — Etats à établir lors de l'ouverture des paiemens, 125. Feuilles de journées spéciales, *idem.* Hommes rentrant au corps après le paiement, 127. Etats de paiement des officiers, *idem.* Etats distincts par trimestre, 128. Militaires ayant quitté leur corps; comment payés, *idem.* Sommes dues aux officiers décédés, 129. Indemnité de vivres non sujette à rappel, *idem.*

Des troupes embarquées et de celles levées pour la marine. — Paiemens à ordonnancer par les sous-intendans militaires, 130. Paiemens à faire par le payeur de la marine au compte de la guerre, *idem.* Cas où les états de paiement doivent être coupés, 131. Avances aux troupes destinées pour les colonies, *idem.* Solde de captivité, 132. Délégataires, *idem.*

Des retenues sur la solde. — De la retenue de deux pour cent. Prestations qui en sont passibles, 133. Indemnités extraordinaires qui n'en sont point passibles, *idem.* Intégralité de cette retenue, nonobstant toute autre, 134. Opérée par déduction, *idem.* Des retenues au profit du trésor royal. Comment exercées, 135. Des retenues au profit des particuliers. Secours aux femmes et aux enfans; par qui accordés, 136. Retenues opérées par déduction, *idem.* Des dettes envers des particuliers. Retenues qui en résultent. Par qui ordonnées, 137. Significations d'oppositions juridiques, *idem.* Retenues opérées par précompte, 138. Destination à donner au produit des retenues, *idem.* Proportions communes à toutes les retenues, 139. Mesures à prendre pour en suivre les progrès, 140.

Des réglemens de dépense. — Tenue des contrôles par les intendans et sous-intendans militaires , 143. Fourniture et renouvellement des contrôles , 144. Mesures pour assurer l'exactitude des contrôles , *idem.*

Des revues. — Par qui établies , 147. Forme des revues , *idem.* Militaires sans troupe, absens à l'époque d'une revue , 148. *Idem* autorisés à toucher leur solde ailleurs qu'à leur poste, *idem.* Revues en double expédition. Destination à leur donner , 149.

Dispositions particulières. — Franchise des envois sous bandes , 150. Réclamations particulières ; à qui adressées , 151.

De la distribution de la solde aux officiers. — Paiement de la solde aux officiers , 153. Feuille d'émargement , *idem.* Quittances des parties prenantes , *idem.* Formalité à remplir en cas d'absence , 154. Officier changeant de corps , payé jusqu'au jour de son départ , *idem.* Droit acquis aux officiers de disposer librement de leur solde , 155. Versement à la caisse des dépôts et consignations, des sommes dues aux officiers décédés , *idem.* Déduction dont ce versement est susceptible , *idem.* Récépissé à fournir par le receveur, 156. Officier décédé debiteur envers le corps, *idem.* Marche à suivre pour le recouvrement de ces sortes de créances , *idem.*

Décision ministérielle portant que l'indemnité de route est due à tout officier qui se déplace pour être entendu par un conseil d'enquête, 157.

Décision ministérielle portant que les militaires qui, sur leur demande, passent d'un corps dans un autre, par permutation ou au moyen d'une vacance, n'appartenant point à l'avancement, n'ont pas droit à l'indemnité de route, 158.

Note ministérielle relative aux officiers qui ont obtenu des congés, avec solde entière, pour aller prendre à leurs frais les eaux thermales, et qui sont forcés de quitter l'hôpital dans lequel ils se trouvent, avant l'expiration de leurs congés, *idem*.

Le passage gratuit pour Alger est accordé aux femmes et enfans des militaires et employés d'administration de l'armée d'Afrique, 160.

Prestations en nature auxquelles ont droit les infirmiers entretenus, lorsqu'ils ne sont pas employés dans les hôpitaux militaires, 161.

Indemnités allouées aux officiers de santé pour les opérations du recrutement, *idem*.

Indemnités accordées aux officiers des corps de cavalerie qui perdront des chevaux, par des circonstances extraordinaires, 163.

Règlement qui détermine la position des officiers de santé et d'administration militaires, passagers à bord des bâtimens de l'Etat, 166.

Décision ministérielle relative aux chirurgiens et pharmaciens élèves de l'hôpital militaire d'instruction d'Alger, 165.

Décision ministérielle relative aux congés de convalescence et autres. 169.

Décision ministérielle qui alloue l'indemnité de

route aux officiers qui rentrent d'Afrique avec des
congés de convalescence, 170.

Tarifs des diverses indemnités accordées en route,
dans l'intérieur du royaume, aux officiers de santé et
d'administration militaires, 171.